クラス全員が自信を持てる！

3年生担任のための国語科指導法

―学習のつまずきに負けない基礎・基本の徹底―

土居正博 著

明治図書

はじめに

本書は、３年生担任の国語科指導に焦点を当てた一冊です。この本を手に取ってくださっている方はおそらく今年度３年生を担任されている先生や、来年度３年生を担任することに決まっている先生でしょう。

３年生は、非常にエネルギッシュです。私が３年生を担任したときのことを思い起こすと、「もしかしたら、あのころが一番楽しかったかもな」と思うこともしばしばあります。エネルギー溢れる３年生の指導をするのは、本当に面白いことです。子ども達は、教室の窓がビリビリと震えるくらいの声で音読していました。漢字は全学年で最も数が多いにもかかわらず、抜き打ち50問テストでも余裕で書けるくらい熱を帯びて学習していました。説明文の学習では、夢中で話し合い、学んだことを使って自分の書きたいことを説明する文章を、時間を忘れて書いていました。

そんな、エネルギー溢れる子ども達の姿を見ていて、「あぁ、この仕事は本当に楽しい」としみじみ思ったのを昨日のように思い出します。しかし、子ども達のそのエネルギーをうまく教師が生かしきれず持て余すと、クラスがうまくいかなくなる、ということも少なくありません。

本書では、一貫して「国語指導で学級をつくる」という主張のもと、国語科の様々な領域の指導を具体的に紹介しつつ、その指導を通して学級経営も進めていける指導の在り方・方法も紹介していきます。

なぜ国語科指導で、国語の授業で学級をつくれるかといえば、主に二つ理由があります。

第一に、国語は他の教科の学習にも深く関わる基礎教科だからです。社会科も理科も算数も、基本的には国語を使って学習することになります。教科書も日本語で書かれていますし、話し合いだって日本語で行うからです。体育カードを書くときにも、家庭科の調理実習の振り返りを書くときにも、国語を使って書くわけです。ですから、本書を武器に、子ども達の国語力を高めていけば、それは他の授業の充実にもつながります。国語だけでなく他教科の授業も充実していけば、子ども達の学校生活全体が充実していきます。子ども達の学校生活のほとんどは授業だからです。

第二に、国語は授業時数が多いからです。低学年ほどでないにしても、やはり3年生も非常に国語の授業時数が多いです。授業時数が多いということは、それだけ、その授業での指導を子ども達に浸透させやすいということです。このような理由から、私は「国語指導で学級をつくる」ということを、本シリーズ『○年生国語』で一貫して主張しています。

シリーズ3冊目となる本書『3年生担任のための国語科指導法』でも、エネルギー溢れる3年生の学習意欲を引き出し、国語力を伸ばして学級経営を円滑に進めていく指導法を具体的にご紹介していきます。ご存知の通り、3年生の学習指導要領での記載は、「中学年」として4年生と一括りなので、話すこと・聞くことや書くことの指導の章は、基本的に『4年生担任のための国語科指導法』（以下『4年生国語』）と重なる内容になっていますが、子ども達の書いたものなどはもちろん3年生が書いたものを載せてあります。教材がまるっきり異なる読むことの章はすべて書き下ろしです。具体的活動を豊富に載せた資料編は、やや低学年向けの活動と思われるものは『3年生国語』の方に多く載せ、『4年生国語』には4年生独自の活動を中心に載せました。子ども達の実態に合わせて、『3年生国語』と『4年生国語』はセットでお使いいただけると、さらに効果を発揮すると思います。国語科はスパイラル構造だからです。

本書を武器に、3年生指導を心から楽しんでいただければ幸いです。

土居　正博

目次

第4章 ことば〔知識・技能〕の指導

資料編 ACTIVITY 一覧

序章

3年生の子ども達と国語授業

1 先生の言うことを聞かなくなってくる時期
―エネルギー溢れる3年生の子ども達―

3年生の子ども達は、エネルギーに溢れています。

低学年のころは、小学校という新しい環境に少し緊張していて、分からないことも多かった子ども達も、この時期になるといよいよ本領発揮です。二年間の小学校生活の経験を生かし、さらに本来の自分を出せるようになります。

低学年までは、どちらかというと「先生の言うことは絶対」だったのが、自分の考えを持って主張するようになったり、時には反抗するようになったりします。これまでは先生との関係が中心だったのに対し、3年生ごろの子ども達は「ギャングエイジ」と呼ばれるように、友達とのつながりがより重視されるようになっていきます。そして、子ども達同士のつながりが強まり、より一層子ども達の持つエネルギーは大きくなっていきます。

これらは、もちろん正常な発達です。しかし、このような子ども達のエネルギーを持て余し、学級が落ち着かない状態になる3年生担任が多いのも事実です。子ども達の友達とのつながりを契機とした、エネルギーの増幅を疎ましく思い、それを抑えつけようとするような指導をすると、反発されることが多くなります。はじめは素直だった子ども達も、やがて教師の言うことに耳すら貸さなくなり、学級全体が落ち着かない状態に陥ることもあります。

そんなとき、教師はどうすべきでしょうか。

時間をとって説教をしても、あまり効果はありません。たとえ一時的に収まったとしても、それは根本的な解決には至らず、またすぐに戻るでしょう。一時的にさえ収まらず、かえって反発が強まることもあり得るでしょう。

叱りつけるのも同様です。根本的な解決には至りません。溢れる3年生の子ども達のエネルギーを、抑え込もう、抑え込もうとしているうちは、なかなかうまくいきません。

エネルギーを抑え込むのではなく、その向きをプラスの方向に変えるようにするのです。

その方法はたくさんあります。学級のイベントや係活動で、子ども達のエネルギーをプラスの方向で発散させることももちろんあり得るでしょう。

しかし、残念ながらそれらは常時、毎日行えるものではありません。

そこで、やはり**授業の充実が重要**です。授業は毎日行われています。

言い方を変えれば、授業から逃れられる教師もいなければ、子どももいないのです。

そうだとすれば、その授業を充実させ、子ども達のエネルギーを発散できるようなものにしていけばよいのです。授業では学習が行われますから、そこで子ども達のエネルギーを思いきり使えるようになれば、それは間違いなくプラスの方向にエネルギーを使えていることになります。授業を通して、子ども達のエネルギーの向きをプラスの方に、学習の方に向けてやるようにすると学級全体がうまくいくようになります。学校生活のうち、ほとんどが授業だからです。やはり、我々教師は授業で勝負すべきです。この事実から逃げてはいけません。

そして、一口に「授業で勝負」といっても、はじめからいきなり全教科の授業を充実させていくことは難しいものです。まずは一つの教科に絞って研究・研鑽を進めていくと、それがやがて他の教科の授業づくりの際にも生かされていきます。

そこで、国語授業に注目してみましょう。

国語授業は二四五時間もあります（3年生）。1・2年生のときよりも若干減ってはいるものの、いまだに**全教科の中でダントツの数字**です。毎日一時間は国語の授業があります。その国語の時間が子ども達にとって充実するかしないかは、非常に大きな問題です。

さらに、こうした数字の面に加えて、「はじめに」でも述べたように、**国語授業で培う言葉の力は、他教科でも生かされる**という質の面も、国語授業に力を入れるべき大きな要因の一つです。

我々人間は、基本的に言語を用いて考えています。そして、言語を用いてその考えを表現します。こうした言語活動は、国語科に限らず、他教科でももちろん行われます。そもそも他教科の教科書も日本語で書かれていますから、それを読むことができなければ、その教科の学習が成り立ちにくくなります。また、他教科の授業においても、自分の考えをノートに書き話し合うときには、日本語を用います。このような、他教科において言葉の力が用いられる例は、枚挙に暇がありません。

ですから、国語科で子ども達の言葉の力を伸ばすことは、間接的に他教科の学びも促進するのです。国語科で子ども達にしっかり力をつけられれば、他教科の授業の充実にもつながり、それは子ども達の学習全般の充実につながります。そしてそれは、子ども達の学校生活の充実にもつながっていきます。

このように、数字の面からも、そして質の面からも、私は「国語授業で子ども達を育てる」ことを一貫して主張しています。エネルギー溢れる3年生に対しても、同様です。本書では、国語授業を通して、子ども達のエネルギーを学習に向け、望ましい成長を促すような指導法を紹介していきます。

2 学力の差が出始めるとき

それでは、3年生への国語科指導においてどのようなことに気を付けていけばよいのでしょうか。

3年生は、一般的に「3年生（9歳）の壁」と言われ、学校での学習が低学年のころから一段階レベルが高まり、それに伴って学習でつまずく子が増える時期と言われています。

その主な要因の一つに、学習内容の抽象化が挙げられます。

例えば、低学年の算数では具体物を使って、普段の生活の場面で目にするようなたし算やひき算の計算を学習していました。しかし、3年生からはわり算や分数など、普段の生活ではあまり目にすることがない計算も扱うようになります。なかなか具体物で表しにくくなり、結果として学習内容が具体的であったのがやや抽象的になっていきます。

このこと自体は、悪いことではなく、抽象的に物事を考えられるようになると、具体物で表せないことも、つまり目で見て分かること以外のことも自分の頭の中で考えていくことができるようになるので、思考自体は非常にレベルが高まります。

ですが、レベルが高まるからこそ、少なくない子がつまずくのもまた事実です。この「抽象」という概念に関しての指導は、国語科も多くその責任を担うことだと私は考えていますから、次項で詳しく述べたいと思います。

さて、とにかく小学校3年生ごろは、学習で大きくつまずく子が出てくるころである、ということはどうやら確かなようです。それは、国語科においても同様です。

学習指導要領に目を向けてみましょう。例えば、「C読むこと　エ精査・解釈（文学的な文章）」の指導事項では、第1学年及び第2学年「場面の様子に着目して、登場人物の行動を具体的に想像すること。」であったのに対して、第3学年及び第4学年では、「登場人物の気持ちの変化や性格、情景について、場面の移り変わりと結び付けて具体的に想像すること。」となっています。

つまり、読み取る対象が低学年では「行動」であったのに対し、中学年では「気持ちの変化や性格、情景」へとレベルアップしているということです。実は、これはかなり大きなレベルアップです。低学年で、目に見えやすい「行動」が読み取る対象であるのは、それまでに読む文学的文章では「行動＝気持ち」だということです。悲しいから泣く、うれしいから笑う、といった具合です。

一方、中学年以降は、目に見えにくい「気持ち」や「性格」を扱います。指導事項「イ」の言葉を借りると「叙述を基に捉える」ことが求められるのです。

どういうことかというと、例えば「モチモチの木」では、物語終盤で豆太は怖いという気持ちでありながらも、じさまのために夜の山を走って下ります。つまり、夜の山を「走って下る」という行動と、「こわい」という気持ちとが相反しているのです。それは、「こわい」という気持ちがありつつも、

「じさまを助けたい」という気持ちが上回っているからです。中学年以降は、「行動＝気持ち」とは言えない読み取りをしていかなくてはいけないですし、複雑な気持ちが入り混じっているものを読み取るようになるのです。

このように見てくると、国語科においても、小学校3年生ごろの学習内容の変化は存在していることが明らかになるでしょう。この変化は、先に挙げた算数の例と同じように、低学年では「目に見えるもの」を学んでいたのが、中学年以降は「目に見えないもの、または見えにくいもの」も学んでいくようになる変化、と言えるでしょう。

3 国語科指導の基本方針―音読と漢字を全員に保障せよ！―

それでは、そのような学習内容の変化があり、学習でつまずく子が出始める時期である3年生に向けた国語科指導の在り方はどのようなものかを考えてみましょう。

それは、基礎・基本を徹底して指導し、子ども達に保障していくことです。

先にも述べたように、国語科自体が、他教科にも大きく影響を与えるような「基礎教科」と言えますが、国語科の教科内容の中でもさらに「基礎・基本」と言えるような指導内容があります。

それが、**音読と漢字**です。

なぜこの二つに焦点を当てて指導していくべきか、その理由を二点述べましょう。

第一に、この二つが国語科の教科内容の中で比較的子ども達が達成感を得やすいからです。

音読は、練習すれば上手になり子ども達もそれを自分の耳で聞いて自覚することができます。漢字も、読めたり書けたりする漢字が増えれば、自ずと自分の成長を自覚することができます。達成感を得られれば、子ども達は「楽しい！」「もっとやりたい！」となります。この状態は、「小３の壁」に苦しむ子ども達の状態と正反対のものです。

中学年から、国語科も学習内容が難しくなるとはいえ、音読や漢字に取り組まなくなるということではありません。むしろ、心情の読み取りや段落相互の関係を考えるといった中学年以降に取り組まなくてはいけない抽象的で「目に見えにくい」学習の基礎になるものです。ですから、音読指導や漢字指導で子ども達の基礎を伸ばし、学習意欲を高めておいてから、難しい内容を扱っていくという方がスムーズです。

心情の読み取り、段落相互の関係の読み取りに関しては、もちろん重要なのですが、音読や漢字などと比較すると達成感が得にくい領域です。

ですから、はじめからそんなに難しいことを目指さずに、音読指導や漢字指導を通して子ども達に達成感を持たせていきつつ、中学年の難しい学習内容にも挑んでいく、という方針がよいと私は考えます。それは、子ども達の学習意欲の問題や学級全体の雰囲気、つまり学級づくりにつながる面も踏まえての判断です。

第二に、音読や漢字の力は、クラス全員に保障したい、文字通り「基礎・基本」であるからです。詳しくは、音読、漢字それぞれの項で述べますが、教育心理学の世界において音読の力と学力全体の相関関係が証明されたデータは非常に多く挙げられていますし（荻布優子・川崎聡大（2016）など）、漢字を読み書きできる力は漢字仮名交じり表記を採用している我が国において国語力の根幹であると言われて久しい（棚橋尚子（2015）など）のです。

そのため、音読指導や漢字指導は、国語科の教科内容の中でもとりわけ重要視されてしかるべきなのですが、現状では軽視されているといっても過言ではありません。

冷静になって考えてみれば、スラスラ音読もできず、そこに書かれている漢字すら分からない状態で、先に挙げたような心情の読み取りや段落相互の関係を掴ませようというのには無理があるというのは、火を見るよりも明らかです。ですから、クラスの全員に対して音読の力と漢字の力を保障していくことは、教師の責務でもあるのです。

そして、重要なのは、子ども達のやる気（意欲）を引き出しつつ、音読や漢字の力を伸ばしていくということです。間違っても、無理やり何度も何度もやらせて徹底していくという指導であってはいけません。そういう根性論の一辺倒な指導では逆に「音読嫌い」「漢字嫌い」を招きます。「どう働きかけたら子ども達が音読や漢字にやる気を持ってくれるか」ということを常に考えながら指導していく必要があります。そうした、子ども達の意欲を最重要視した音読指導、漢字指導を積み重ねていった先に、子ども達の十分な音読力や漢字力の保障があります。

このような二つの理由から、私は、3年生に限らず国語科指導を進めていくうえで音読指導と漢字指導は非常に重要視しています。それは、単に国語科という教科的な視点から見ただけでなく、子ども達のやる気を引き出し学習への姿勢を高め、ひいては学級の雰囲気や風土までつくってしまおうという学級づくりの視点から見ても、最適解だと考えているのです。

4 抽象思考を習得し始めるとき

さて、中学年特有の指導すべき事項として、先に触れたような「抽象思考」が挙げられます。本章の最後に、この「抽象思考」について、国語科としてどう向き合っていくべきか、どう育てていくべきかということを述べておきたいと思います。

結論からいうと、**「無理させずに繰り返しながら、子ども達に明確に『抽象的』と『具体的』とをセットで意識させていく」**という指導が適していると私は考えています。

まず、国語科は子ども達に対する「抽象思考」の指導において、どのような内容、領域に責任を負えばよいのでしょうか。

それは、子ども達が「抽象的」「具体的」という概念と対応した言葉を獲得し、それをきっかけとして明確に意識できるように、ということだと私は考えています。「抽象的」「具体的」という言葉は難しいので、「ざっくり」「おおまか」「まとめ」などや「詳しく」「細かく」などといった言葉で捉えさせても構いません。肝心なのは、こういった概念を子ども達に根づかせていくことです。それが、子ども達が「抽象的」やその反対の「具体的」に思考できる大きな助けになるからです。なぜなら、私たち大人も、そして子ども達も、基本的には言葉を用いて考えているからです。ですから、「ざっくり」でも「おおまか」でもいいので、一旦そういう言葉と概念とが子ども達に根づけば、それを皮切りとして抽象的に考えることができるようになっていきます。

自分の気持ちやその日の出来事をダラダラと話してしまう子は、自分の言いたいことを「抽象的」にまとめることができていないと言えます。そういう子に、「ざっくりと」でも「おおまか」でも「まとめ」でも「抽象的」でもいいので、そういう概念を言葉と一緒に根づかせることができれば、その子は、抽象と具体を理解することができるようになります。そうすれば、ダラダラと話してしまうことがあっても、その子に対して「ざっくりと言うと、どういうことがあったの？」と尋ねると「あぁ、ざっくりと言うとね……」と自分の気持ちや出来事を抽象的に話すことができます。

ですから、言葉の力を伸ばす国語科においては、この「抽象」とその反対の「具体」のセットで、それぞれの概念とそれに対応した言葉で子ども達に明確に意識できるようにさせることが、求められているのだと思います。

次に、その育て方についてです。

概念は一度教えただけでは定着しません。一度では分からない子がいて当たり前と思いながら、繰り返し、繰り返し扱っていくことで徐々に理解できる子が増えていけばよいのです。実は、この「抽象的」と「具体的」については、国語科において教師の意識次第でいくらでも反復指導が可能です。

この「抽象的」と「具体的」の概念が国語科教科書で初登場するのは何年生だと思いますか。

正解は、1年生です。

1年生の教科書において、「果物・りんご」といったような、上位語と下位語の概念を学ぶ単元が掲載されています。ここでは、単語単位で検討されていますが、上位語と下位語の概念は、まぎれもなく抽象と具体に他なりません。1年生に指導するときは、そこまで抽象と具体について扱わないでしょうが、3年生に対して抽象と具体を根づかせていきたいと考えるとき、この上位語と下位語の概念から入っていくとスムーズです。多くの子がその概念を掴むことができます。

また、「抽象的」や「具体的」という目を持って、例えば説明文の教材文に目を向けてみましょう。そこにも「抽象的」と「具体的」の指導チャンスは多く転がっています。例えば、「題名」は、筆者が伝えたいことを最も「抽象的」にまとめたものと言えます。「問いの文」は題名よりも「具体的」ではありますが、本文の中では最も「抽象的」に筆者の伝えたいことをまとめたものと言えます。「事例」は最も具体的な部分と言えます。「話すこと・聞くこと」の教材を見つめてみても、「抽象的」と「具体的」を指導する機会は多いです。例えば教科書によく載っているスピーチ例も、中学年のものは「初め・中・終わり」と分けられているものがほとんどです。その各部分を比較すれば、「初め」や「終わり」が抽象的であり、「中」は具体的であるのが明らかです。そういう部分を子ども達と確認するとき、「初めや終わりには、言いたいことが〝まとめ〟られているね。中ではそれを〝詳しく〟言っているね。」などと、子ども達と共有した言葉（「まとめ」「詳しく」）で概念とともに根づかせるようにねらっていくのです。

この積み重ねが、子ども達が「抽象と具体」を明確に意識できるようになっていくことにつながっていきます。もちろん、このように説明文などの教材とあわせて指導していくだけでなく、「抽象と具体」だけを取り立てて定着させていく方法もあります。巻末の「具体化・抽象化ゲーム」（180ページ）の項をご覧ください。上位語と下位語を主に用いながら、子ども達が無理なく「抽象と具体」を理解していくことができます。

第 1 章

話すこと・聞くことの指導

「話すこと・聞くこと」の指導において、まず取り組むべきなのは**「よい聞き手」を育てる**ことです。これは、低学年・中学年・高学年のいずれでも、変わらないことです。なぜなら、聞くことができて初めて、話す力を伸ばすことに取り組めますし、話し合う力の育成にも取り組めるからです。

例えば、子ども達の話す力を伸ばしたいと考え、実践するとしましょう。話し方や話すときの工夫などを指導していったところで、それを聞く子達が全く聞いていないのでは、話す子も嫌になってしまいます。結果として、話す力を育てるどころの問題ではなくなってしまうでしょう。みんなに向けて話してみたいという子がいなくなるからです。話し合う力を育てたいとして、話し合う機会をことあるごとにつくっていったとしても、そもそも子ども達が話し合いの内容を聞くことができなければ、話し合い自体が成立しません。

今は「話すこと・聞くこと」の指導という観点から考えていますが、「読むこと」の授業においても、「書くこと」の授業においても、国語科授業全般のみならず全教科の授業においても、まず子ども達がしっかり聞けるようにしていくことは、非常に重要で欠かせないことです。そのため、まずは「よい聞き手」を育てるということを強く意識して指導していくようにしましょう。ただし、子ども達の聞く力、姿勢が育ってきたら、それだけで話す力も話し合う力も育っていくかといえば、そうではありません。また、聞く力もその後ずっと伸び続けるかといえば、そうでもありません。必ず頭打ちすることになります。

そこで、次に**話す力を伸ばすことに着手**していきます。話す力を伸ばしていくことで、結果として聞く力も相乗効果で伸びていくようになります。話す力を伸ばす取り組みをし始めると、子ども達の意識が「上手な話し方」や「話し方の工夫」などの面に向くので、人の話を聞いたとき、それらを敏感に聞き取るようになっていくからです。話す質が高まっていくのと相まって、聞く力もさらに高まっていくのです。このように、話すこと・聞くことには相乗効果があります。これは、学習指導要領でも「話すこと・聞くこと」とまとめて示してある理由の一つでもあるでしょう。

話す力も高まってきたら、話し合う力の育成にも取り組んでいきましょう。話し合いの質を高めていくには、「話す・聞く」の力を高めることに加えて、少しずつよい話し合いの条件や手順を指導していくことが重要です。「はい、話し合いなさい。」で、望ましい話し合いができれば世話はありません。明示的に指導していくことがポイントになります。

ここまでをまとめると、まず「聞き手を育てる」こと、その後「話す力を高めることでさらに聞く力も高めていく」ことに取り組み、ゆくゆくは「話し合い」の指導に入っていくという流れです。

本章では、それぞれを詳しく見ていきましょう。

1 聞くことの指導

(1) 聞くことの指導において重要なこと—実質的な聞く力の育成に焦点を当てる—

聞くことの指導において、私が重要だと考えていることは、「実質的な聞く力」を育てることと、

「言わせること」の二つです。

「実質的な聞く力」とは、学習指導要領の指導事項に示されているような「(大事なことを)落とさないように集中して聞く」ということです。「なんだ、そんなの当たり前ではないか」と思われる先生も多いかもしれませんが、現場での聞くこと指導は、「態度的な側面」に偏っているように私は感じます。例えば、「話している人の方を見ましょう。」「何もいじらずに聞きましょう。」といったことを口酸っぱく何度も伝えたり、合言葉にしたりして子どもに刷り込んでいくような指導です。このような「態度的な側面」に対する指導が、現場では溢れています。同様の指摘は、堀裕嗣・研究集団ことのは(2002)でも行われています。

もちろん、私はこれらの「態度的な側面」が全く無意味だとは考えていません。ですが、このような側面は、どちらかというと話し手に対する礼儀のような部分が大きいと考えています。礼儀を重んじる日本人として、こうした指導は大切ではありますが、それに偏っていては、「大事なことを落とさず聞く」という「実質的な聞く力」を育てることが疎かになってしまいます。

この「態度的な側面」に偏った指導に陥る原因は、本来は目に見えない「聞く力」において、「態度的な側面」は目に見えやすいからです。「あ、あの子、また話を聞いていないな」「やっぱりあの子はしっかり話を聞いている」などと、教師は子どもの態度を見て聞いているかどうか判断できるから、態度面への指導の方がしやすいのです。

一方、「実質的な聞く力」は、目には見えません。いくら態度面がよくて、聞いているように見えても、教師は子どもの頭の中をのぞくことは不可能ですから、本当に聞いているかは分かりません。逆に、手いたずらしていて全く聞いていないように見える子が、よく話を聞いていたということもおおいにあり得ます。（実際に、何かを触っていた方が落ち着いて話を聞けるという子もいます。）ですから、「実質的な聞く力」は指導しにくいのでしょう。そのため、教師の指導は態度面に偏るのだと私は考えています。

では、どのようにすれば「実質的な聞く力」を育てていくことができるでしょうか。

それは、**子ども達に聞いたことを「言わせる」**ことです。

例えば、ある子どもが授業中に発言したとします。その後、「今、○○さんの言ったことが言える人？」と全体に尋ねるということです。たった数秒前に友達が言ったことを、再生できるかという問いですが、はじめのうちはあまり手が挙がりません。しかし、そうした指導を繰り返していくうちに、（ほとんど）全員の手が挙がるようになっていきます。そういう姿になるように指導していくべきだと私は考えています。逆に、絶対にやってはいけないのが、子どもの発言を、教師が繰り返して再生することです。それをしているうちは、子どもは「自分で聞こう」という姿勢にはなりません。

また、「話を聞く力って、二種類あるんだよ。」と言って、「態度的な側面」と「実質的な聞く力」の二種類を分かりやすく伝える時間もとります。「相手に聞いているよ、と伝える聞く力」（態度面）「話の内容を聞き取る力（聞いたことを自分で言える）」（実質的な聞く力）などという言葉を使うと伝わりやすいです。

このようにして、**態度も実質的な聞く力も、両面を育てていく**ことが重要です。

普通にしていると、教師は目に見える態度的な側面の方を重視しがちですから、「実質的な聞く力を重視して育てよう」と意識するくらいでちょうどよいバランスになると、私の経験からは思います。いずれにせよ、重要なのは、自分の「聞く」指導がどちらかに偏っていないか、と点検したり、メタ認知したりすることです。それができれば、バランスを是正することができるからです。

(2) 聞く力を段階的に育てる

それでは、具体的に「聞く力」はどのように指導していけばよいでしょうか。

当たり前ですが、段階を踏んだ指導をしていきましょう。いきなり高度なことを子どもに求めてしまうと、なかなかうまくいかず、子ども達の意欲を低下させてしまいます。どのような段階を踏めばよいか、おおまかに示します。

- 聞こうとする態度を養う
- 話の内容をそのまま聞き取る
- 話の内容をまとめる（要約する）
- 話に対する自分の考えを持つ
- 話の工夫やよいところを見つける

私は、このような段階で子ども達の聞く力を育てていけばよいと考えています。次項からはこれらの段階ごとに具体的に見ていきましょう。

(3) 聞いた話を再生させる―友達の話、教師の話―

↓資料編162ページへ

まずは、「聞こうとする態度を養う」ことと「話の内容をそのまま聞き取る」ことについてです。これらは、同時に育てていきます。態度面を「静かに聞いている」「相手を見て聞いている」という見た目だけで評価せず、聞こうとしてさえいれば必ず聞ける程度の話を「再生できる」かどうかという実質的な側面で評価していく、つまり態度面と実質的な聞く力の面とを同時に指導、評価していくことが有効です。

具体的にいえば、教師からの簡単な話や指示、友達の話の後に、「今言ったことを言える人?」と尋ね、再生させていくのです。子ども達に、「静かに聞くこと」「相手の方を見て聞くこと」など態度面だけを求めずに、聞いたことを自分の口で再生できる、という実質的な聞く力を求めていくようにします。そうすれば、自ずと子ども達は静かに聞かざるを得ませんし、相手の方を見て聞かざるを得なくなっていきます。

「静かに聞きましょう。」と直接的に指示するよりも、「今、先生が言ったことを言える人?」と尋ね、それをしつこく求めていく方が、結果的には聞く態度面も大きく変わっていきます。

3年生は、教師の言うことを聞かなくなってくる時期です。その最たる例が、文字通り教師の話を聞かず、今さっき話したことをまた聞いてきたり、指示と全く違うことをしてしまったりするような、いわゆる「話を聞いていない」という状態です。このような子達に対して、「静かに聞きましょう。」と促してもあまり効果はありません。それよりも、「今先生（友達）が言ったことを言える人？」と尋ね、自分の口で言えるようにしていくことが大切です。ついさっき言われたことを再生することは、全員がその気になればできることなので、教師はある程度譲らない姿勢を見せることです。

「今先生（友達）が言ったことを言える人？」と尋ねた際、ほとんど手が挙がらなかったとしたら、そのような状態を放っておいてはいけません。「今、言われたことですよ。それが言えないのであれば、この先授業など進められません。もう一度聞きます。言える人？」などと、「言えるけれど手を挙げない子達」を制していかなくては、本当に話を聞けない子達への指導までたどりつきません。

こうしたことを繰り返していき、尋ねたら大多数の子が「はいっ！」と挙手するようなクラスの雰囲気にしていくことが大切です。そうすれば、話を聞くのが苦手な子も、いよいよ「自分もしっかり聞かなくては……」という気持ちになっていきます。

このように、子ども達の聞く態度面は、「話をそのまま再生させる」という、意識してさえいれば必ずできる活動を通して、指導したり評価したりしていきます。そして、クラス全体に「しっかり聞こう」とか「自分の口で言えてこそ聞いたと言える」という雰囲気、価値観を根づかせていくのです。

(4) 国語科以外でも鍛える―他教科の授業、教師の指示、朝会や行事―

→資料編163ページへ

このような、聞いた話を再生させる指導は、国語科の授業中に限られたものではありません。むしろ、子ども達に聞く態度をしっかり根づかせていくためには、国語の授業中以外にも積極的に指導していくべきです。

例えば、他教科の授業中でも、子どもに意見を言わせた後に「今の○○さんが言ってくれた意見、もう一度言える人?」などとクラス全体に尋ねることも有効です。また、朝の会で教師が一日の予定を説明した後、「それでは、一時間目は何をしますか。分かる人?」などと尋ね、クイズ感覚で再生させていく方法もあります。さらに、全校朝会の後に、「今日は○○先生から夏休みの注意点三つをお話しされましたね。一つでも覚えている人?」などと尋ねて再生させていくこともできます。

このように、教師が少し意識を持つだけで、ひとまとまりの話の後に、子ども達に再生させていくような場面はいくらでもつくれます。こうした指導をしていくと、子ども達に対して「今日は朝会ですからしっかり話を聞きましょう。」などと、直接的に事前指導をしなくともしっかり聞くようになります。再生させる指導を繰り返していき、話を聞いた後、自分の口で再生できてこそ「聞けている」という意識を子ども達に持たせていくようにするのです。

(5) 聞いた話をまとめさせる

→資料編164ページへ

次に、「話の内容をまとめる(要約する)」段階の指導についてです。

3年生からは「抽象思考」が育ち始めるということは、先述の通りです。「聞く力」を育てるときにも、この「抽象思考」を育てることを少し意識してみるとよいです。

資料編に紹介している「今のお話、一言でいうとどんな話?」(164ページ)のように、これまで述べてきたような、自分が聞いた話をそのまま再生させるのではなく、自分で一言にまとめて言うようにさせるのです。これだけで、「聞く」活動としては一気にレベルアップします。話の内容を「抽象的」にまとめなくてはいけなくなるからです。

このような指導は、必ず前段階の「聞く態度」及び「話をそのまま再生する」ということをクラスのほぼ全員ができてから、取り組むようにします。聞いた話をまとめさせる際は、「まるっきり話通りの言葉でなくてもよい（自分の言葉を付け足すなどしてよい）」「なるべく短くする」ということを子ども達に伝えていきます。はじめからできる子は少ないですが、繰り返していったり、ポイントを伝えていったりすることで、クラス全体ができるようになっていきます。

(6) 話に対する自分の考えを持たせる

↓資料編164－165ページへ

聞いた話の内容を自分でまとめることができるようになってきたら、今度はそれに対する自分の考えを持てるようにしていきましょう。相手の話を単に聞き取るだけ、つまり受信するだけで終わりの聞き手よりも、話を受けて自分の考えを持ち、それを発信していく聞き手の方がずっとレベルは高いと言えます。話を聞いて、「自分はどう思うか」ということを問うようにしていきましょう。いきなり「どう思うか」では難しい場合は、「賛成？　反対？」と二択にするなどして、自分の考えを持ちやすい工夫をしていくとよいでしょう。

いずれにせよ、話を聞き取り、自分自身はどのように考えるのか、という意識を子ども達に持たせていくことが重要です。

(7) 話の工夫、よかったところを見つける

最後に、子ども達が話を批判的に聞けるとさらによいでしょう。

「批判的」というと、不足点を指摘したり矛盾点に気づいたりと、揚げ足を取るようなことが想像されがちですが、それだけが「批判的」という意味ではありません。吉川芳則（2017）によれば、よいことはよいと評価することが本当の意味で「批判的」であるとされています。そうとは知らず、子ども達に否定や指摘ばかりさせていては、単に粗探しの上手な子に育ってしまうだけです。

3年生には、「相手の話の足りないところを考えながら聞いてごらん。」と投げかけるよりも、「相手の話のいいところを考えながら聞いてごらん。」と投げかける方が、より自然にできると思います。クラスの雰囲気をつくっていくという観点からも、相手の話のよさを見つけさせる方が適しています。話の内容をしっかり聞き取り、自分の言葉でまとめることができるようになってきたら、今度は話の工夫やよさを見つけさせるようにし、それをクラスで共有していくようにしましょう。

例えば、次のようなものが出てくるとよいです。

- 最初に自分の考えを言っていた。
- 例を出していた。
- 一文が長くなくて分かりやすかった。

・ナンバリングを使っていた。
・ラベリングを使っていた。

これらは、**書くことの指導や説明的文章の指導ともつなげながら指導していくのが効果的**です。子どもが話したときに、自然とこれらの工夫やよさが含まれていれば、それを取り上げて、他の子ども達に「今の〇〇さんの話、どういう工夫がされていた？」とか「どういうところがよかった？」と尋ねて考えさせていくのがよいです。

時には教師が、「こういう工夫を教えたい」と意図的にそれを含んだ話をして、その後子ども達に尋ねていってもよいでしょう。

2 話すことの指導

(1) 話すことの指導において重要なこと―相手意識を持たせる―

話すことの指導において重要なのは、相手意識を持たせるということです。

学習指導要領「A話すこと・聞くこと」の指導事項には、「目的を意識して」や「相手に伝わるように」といった文言が出てきます。これらは、まとめると「相手に伝えるということを念頭に置いて話す」ように指導していくということだと私は捉えています。

つまり、「相手意識」を持って話すということです。相手に伝わってこそ話す力があると言えます。しかし、3年生はまだまだ低学年に近く、自分が話したいことを話せればよいという感覚の子が多いものです。ですから、**「相手意識」を持たせていくことに教師がこだわっていくのが重要**になってきます。子ども達の「話したい」という気持ちを大切にして、クラス全員が話せるようにしていきつつ、その質を高めるため「相手意識」を持たせていくように指導していきましょう。

また、先述のように、子ども達の話す力を伸ばしていけば、それを聞く力も伸びていきます。

私の考えでは、子ども達の話す・聞く力を伸ばそうと考えたとき、まずは聞く力に着手します。しかし、それだけでは必ず頭打ちしてしまいます。子ども達の話す・聞く力や話し合う力が停滞していると感じるときは、話す力に焦点を当てて指導していくと、道が開けてくるかもしれません。

(2) 段階的に話す力を育てる

話す力も段階的に育てていく必要があります。

例えば、そもそもみんなの前で話すことができないのに、「相手意識」を持たせようとしてもうまくいきません。逆に、クラス全員がみんなの前で話すことができるようになっているのに、「話せさえすればよい」とされ、話の質の指導がされていかなければ、子ども達の話す力は高まっていきません。話す力の指導に限らず、段階的な指導をするということは、子ども達の実態に合った指導をしていくということなのです。

では、どのように話す力を段階的に育てていけばよいでしょうか。

私は次のような段階で考えています。

・自ら話そうという態度を養う
・しっかり声を出す
・一言しっかりした声で話す
・自分の考えを持つ
・自分の考えを的確に伝える

次項からは、さらに具体的に見ていきましょう。

(3) 返事をしっかりさせる

まずは、聞く指導と同様、態度面を育てていかなくてはいけません。子ども達が「話そう」となっていないのに、その上にさらなる技術などを指導しても、それは砂上の楼閣に過ぎません。

ですから、まずは子ども達が積極的に話そうとする態度を養うことから着手しましょう。

具体的には、どのような状態にしていけば、子ども達が積極的に話そうとする態度になっていると言えるでしょうか。一概には言えませんが、クラスの子ども達が積極的に話そうとしているかは、「感想を言える人?」や「登場人物は誰ですか。」など、誰もが話そうとすれば必ずできる発問でどれくらいの子が立候補するか、という場面が一つのバロメーターになります。

一般に、低学年の子ども達は自分の考えを話したがります。誰もが分かる発問をしたら、多くの手が挙がることでしょう。しかし、適切に指導していかなくてはそれも続かず、だんだん話す子が限られていきます。低学年でさえ、ほとんど手が挙がらないクラスもあります。これも一般的な話ですが、中学年になると、低学年のときよりも積極的に自分の考えを話そうとする子は減っていきます。さらに高学年になると、誰もが分かる発問にもかかわらず一人も挙手しないなんてことも少なくありません。

これらは、すべて一般的な話です。そうでないクラスももちろん存在しています。そのようなクラスは何が違うのでしょうか。

それは、子ども達がいい意味で「開かれている」ということです。

人前で話をする、発言をするということは、自己を表現していくことに他なりません。子ども達が積極的に話すクラスでは、子ども達の積極性が育ち、自己をどんどん表現していっていると言えます。逆に、みんなが分かる発問をしているのに誰も答えないクラスは、「自分じゃなくて誰かがやるからいいだろう」と人任せにしてしまっている消極的なクラスです。子ども達は自己を表現できずにいます。教師であれば、ほとんどの人が前者のような、子ども達が積極的に自己を表現していくクラスにしていきたいと考えるでしょう。

しかし、最初から「みんな自分の考えをしっかり言うように。」と伝えても、実現していくのは難しいでしょう。人前で話すのが苦手な子にとって、「自分の考えをみんなの前で言う」ということは相当ハードルが高いことだからです。かといって、何も指導しなければ、先ほど述べたような「一般的な話」のように、多くの子は話さなくなっていきます。

そこで、グッとハードルを下げて、「返事」から一点突破していきましょう。

「話す力なのに、なぜ『返事』なのだ?」と疑問に思う方もいらっしゃるでしょう。しかし、よく考えてみれば人前で自分を表現する、考えを堂々と話すという行為の最も基礎的なことは、「人前で声を出す」ということです。それすらまともにできないのに、「自分の考えを言いなさい。」というのは無理があります。「返事」は、ほとんどの子(緘黙児などはもちろん除きます)にとって、その気になりさえすればできることです。しかし、指導をしないといい加減にしたり、しなかったりします。

そういうことを見逃さずに、人前で声を出す練習も兼ねて、返事をしっかりさせることを指導していくようにしましょう。年度のはじめは細かいことには目をつむってとにかく返事指導をきちんとすることです。その繰り返しの中で、子ども達は「人前で声を出す」ことに慣れていきます。

(4) 一言しっかりした声で話す

→資料編166ページへ

また、返事の指導に加えて、復習問題や誰もが分かる発問を授業冒頭に繰り返して、たくさんの子に発言させるようにしていくことで、自分の考えを積極的に話す素地ができてきます。

例えば、「前の時間に話し合ったことは何ですか。」「物語を書いた人のこと(既習事項)を何と言いますか。」などの問いです。これらは、子ども達にやる気さえあれば絶対に答えられる問いです。

しかし、前述のように子ども達の積極的に話す態度が育っていないと、ほとんど手が挙がらないクラスもあります。そのような状態で話し合いなどを行ってもなかなかうまくいきません。ですから、もし全然立候補しない場合、しつこく指導をしていく必要があります。「本当に分からないのですか。」と尋ねたり、「これが分からないのであれば、今日この後の授業はずっと分からないことになりますが……」と挑発したり、子どもの姿を見ながら、試行錯誤していき、立候補する子が増えるようにしていきましょう。一番やってはならないのは、「手を挙げなさい。」と直接的に強制することです。

毎時間毎時間、復習問題や誰もが分かる発問を繰り返していけば、既習事項の確認にもなるうえ、必ず手を挙げて立候補する子が増えていきます。教師が尋ねた途端、「はいっ！」とほぼ全員の手が勢いよく挙がるようになっていけば、子ども達が積極的に話そうとしている段階まできていると言えます。ここで指名された子は「はいっ！　○○です！」と短く言いきらせるようにします。決して長く答える必要のある発問をせず、あえて短く言いきらせるようにしていくのがポイントです。しっかり返事をして、キビキビと一言発言できるように、テンポよく行っていくようにしましょう。

(5) 自分の考えを持つ

自分から立候補して、返事＋一言をしっかりとした声で言えるようになってきたら、自分の考えを堂々と話せる素地は育ったと言えます。

自分の考えを堂々と話せるようにしていくには、まず自分の考えを明確に持てるようにしていかなくてはなりません。「どうだろう、分かんないや」「どっちでもいいや」というような姿勢では、自分の考えを話すことなどできません。自ら積極的に考え、自分はこうだという考えを明確に持てるような姿勢にしていくことが大切です。

そこで、挙手を活用しましょう。発問をしたときでも、人数把握のために手を挙げさせたときでもいいので、「ビシッと」手を挙げさせるようにします。その際、「あなたはＡＢどちらの意見ですか。先生の方だけを見て、絶対に周りを見ずにビシッと手を挙げてください。」と声をかけます。

そうすることで、周りをきょろきょろ見て周りの動向に従う子ではなく、自分の考えを持ち、それを堂々と表明できる子に育てていきます。その際、少数派にもかかわらずビシッと手を挙げる子を、おおいに褒めましょう。そのような状況で堂々と自分の意見を言えたらなおさらです。子ども達に、周りに合わせるのではなく、自分の考えを持つのがかっこいい、という価値観を持たせていくのです。

(6) 自分の考えを的確に伝える

自分の考えを的確に伝えるのは、大人でもなかなか難しいことです。ここでは、自分の考えを確かに伝えられるようになるための指導法を三つ紹介します。

一つは、はじめに結論（主張）を言うように指導することです。

これは、先に挙げた言いきらせる指導にもつながりますが、「私は〇〇だと思います。なぜなら～」などとはじめに結論なり主張を言う癖をつけさせます。

私は、話型はあまり好きではないのですが、これについてはある程度「型」として子どもに伝えた方がよいと考えています。低学年だけでなく中学年の子どもも、ダラダラと話し、聞いていても何が言いたいか分からない、という状況に陥りがちだからです。

そのため、ノートに自分の考えを書かせる段階から、「私は〇〇だと思います。なぜなら～」という型を示して書かせます。そうすれば、基本的には子どもはそのように話します。繰り返していけば子ども達の中にも根づいていき、教師が型を示さなくても自然とそのように自分の考えをまとめるようになっていきます。

また、それが根づいてきたころ、「はじめに自分の考えを言うと、聞いている人にはどんないいことがあるだろう。」と尋ね、考えさせるのも有効です。はじめに結論を言い、その後理由なり根拠を付け足していく、という話し方は相手の分かりやすさに配慮した表現方法です。聞いている側は、「この人は、〇〇という考え方なんだな」という構えを持って、話の続きを聞き、判断することができるからです。子ども達にそのよさを考えさせ、自覚させていくことは、さらなる定着にもつながるので重要です。

二つめは、短く、簡潔に話すことです。

子どもは、ダラダラと長く話しがちです。そうすると、やはり聞いている側は分からなくなってきます。場合によっては話している本人も分からなくなってきてしまいます。ですから、子ども達には、なるべく短く簡潔に話させるようにします。

具体的には「『、』ではなく『。』がたくさんつくように話してごらん。」と伝えます。そうすると、一文が短くなっていき、簡潔な話になります。「、」が多い話の例と「。」が多い話の例を教師が実際にやってみせるとより効果的です。

最後に、話をするときの体の向きを、教室の真ん中に向けさせることです。

普通に話させると子どもは、どうしても教師のいる教室前方を向いて話そうとします。これでは、聞く子達がいくら話す子に体を向けていても、目が合わずコミュニケーションが成立しにくくなります。明確に「教室の真ん中を向いて話します。」と指導し、真ん中を向いて話す癖をつけるようにします。「先生にではなく、みんなに向けて話す」という意識を持たせるようにしていきます。聞く側にとっても「自分に向けて話しているんだ、聞かなくちゃ」と聞く姿勢をさらに高められるので重要です。

(7) 根拠と理由を言わせる

相手に伝わる分かりやすい話をするには、根拠と理由を示すことが重要です。これは、聞き手を納得させるうえでも重要ですし、話し手の話す力、考える力を高めるうえでも重要なことです。

そして、特に重要なのが「理由」を話させることです。根拠を示す指導は、今では常識のように行われています。例えば読みの授業において、「〇〇だと思います。」と話した子に対して、教師は、「それはどこに書いてあるの?」と本文から根拠を出すように求めます。ですから、先回りして、「〇〇だと思います。23ページに、~と書いてあるからです。」と話す子も多くなっています。

根拠をしっかり示すことは大切なことです。ですが、それだけでは不十分です。もう一段階レベルを高めないと、「分かりやすい」話ができる子には育ちません。

例えば、「モチモチの木」の授業で、「豆太はおくびょうだと思います。『おくびょう』と書いてあるからです。」というのは、間違ってはいないのですが、物足りません。根拠を抜き出して満足してしまい、なぜ自分がおくびょうと思うのかという理由を述べるに至っていません。

これでは、自分ではおくびょうだと考える理由が十分あったとしても、十分な説明にはならず、その結果、他者にも伝えることができていません。教師は、子どもに根拠だけでなく理由も話させる意識を持つことが重要です。

方法は簡単です。

一つは、子どもが根拠を挙げるだけにとどまった発言をしたとき、「なるほどねー。」と流してしまうのではなく、「～と書いてあるから？」や「～と書いてあるから何なのですか？」とさらに尋ねるだけです。そうすれば、先の発言であれば、「『おくびょう』だと書いてあって、明るい昼はモチモチの木に偉そうにしているのに、暗い夜は怖がっていて、臆病者だと思うからです。」などという発言を引き出すことができます。

「～と書いてあるからです。」という発言よりも、こちらの方が叙述を組み合わせていて、比べ物にならないくらい、教師からすれば引き出したい読みではないでしょうか。このような発言は、発言する子にとっても理由づけをしようとすることで深い読みに至りますし、聞いている子にとっても、「たしかに！　分かる！」と納得することができます。根拠も重要ですが、この理由づけを語らせることこそ、その子の個性が出るところであり、より面白いのです。

いま一つは、発言する前にノートに根拠と理由を書かせることです。これは下学年にはなかなか難しいことです。先の、教師との問答によって理由を引き出す経験をたくさんさせてから取り組みます。根拠と理由という言葉が難しければ、子ども達には「本文の言葉」「考えたこと」などと示し、教師がたくさん具体例を出してあげることです。一度ではなく何度も繰り返し指導することで、3年生の子どもなら十分、根拠だけでなく、理由づけまで自分で書き、堂々と話せるようになっていきます。

3 話し合いの指導

ここまで述べてきた聞く力の指導と話す力の指導がうまくいっていれば、課題がある程度しっかりしたものであれば、3年生であっても十分話し合い活動はうまくいくはずです。一人一人の聞こうという態度と実質的な聞く力が伸びており、自分の考えを話そうという態度と見合った話す力が伸びていれば、特別な指導をせずとも思いのほか話し合いは成立するのです。

とはいえ、純粋な「話す・聞く」とは違った話し合い特有の力があるのも事実です。

ここでは、これまで述べてきていない、子ども達の話し合いの質を高める指導技術や、3年生特有の話し合いの指導について述べておきたいと思います。

(1) 自分の意見を積極的に言える子に育てる—音読立候補や目標表明から—

まずは、話す指導でも少し触れましたが、自分の意見を積極的に言えるようにしていく指導についてです。

自分の意見を積極的に言う、挙手して発言する。このような姿の子どもを育てたいのに、なかなかうまくいかない……。この問題は、すべての小学校教師が一度は壁にぶつかる問題です。

授業協議会を思い浮かべてみてください。グループでは多くの意見が出たとしても、全体協議の際、積極的に発言する先生は一部ではありませんか。子ども達に対して指導している先生が積極的に意見を言わないのは……と私は思うので、授業協議会に参加して言いたいことがあるときは必ず言うようにしていますが、そういう人はあまり多くありません。大人でもこのような状況なのですから、子どもにとっても同じです。

3年生は、まだ「自分の意見をどんどん言いたい！」という子が多い学年かもしれません。しかし、それでも発言しない子はしませんし、指導がよくないと元々ある積極性もどんどん失われていきます。その際、話し合いのできるクラスに育てていくには、積極性を他の場面でも育てていく必要があります。その際、「全体の前で自分の意見を言う」ということよりも、グッとハードルを下げて、全員が取り組めるレベルで繰り返し育てることが有効です。私が取り組む具体的場面を二つ紹介します。


一つは、音読です。

音読であれば、書いてあることを読むだけなので、意見を言うよりもグッとハードルが下がります。特に、音読の宿題に出している文を音読することであれば、その気になりさえすれば誰でもできます。授業中に、音読の立候補を募る機会を多くつくります。あまり手が挙がらないようであれば「あれ？

みんな毎日音読の練習しているんだよね？　学校で読めないと意味がありませんよ。」などと突っ込みを入れます。宿題で出しているのですから、スルーしてはいけません。「ここ、読める人？」と尋ねて、ほとんどの子が勢いよく「はいっ！」と立候補するようになってくれれば、積極性はまずまず育ってきていると言えます。そうしたら、次は宿題に出していない文章（「書くこと」単元など）や国語以外の授業でも音読の立候補を募っていきます。こうして、人前で一人で声を出して読むということに慣れさせていきます。そうすれば、意見があるときは徐々に言えるようになっていきます。

いま一つは、目標表明です。

後述する漢字ドリル音読の前や、算数の計算プリントに取り組む前などに、自分の目標を言わせます。「目標を言える人？」と尋ねたり、前の子が言ったら次の子が立って言う「指名なし」発表をさせたりしていきます。ここでは、「一分で読みきります！」などと自分の目標を短時間ではっきり全体に言っていきます。これも積極性を伸ばすことができ、発言することにもつながっていきます。

(2) 出された意見に反応する力を育てる

一人一人の積極性が育つと、意見がたくさん出されるようにはなります。

しかし、そこで終わってしまうと「意見の発表会」になってしまいます。出された意見に対するさらなる意見が出され、さらに深まるところまでいくのが望ましい「話し合い」だと私は考えます。

そのように、出された意見をもとに深まっていく話し合いができるようにしていくには、子ども達の「反応する力」を育てなければいけません。出された意見に対して、自分の考えを述べられるようにしていくのです。

実は、これが難しく、なかなかできません。自分の意見を言うだけであれば、あらかじめノートに書いたことや考えていたことなどを、勇気を持って立候補して言えばよいのですが、出された意見に対して反応してさらなる意見を言うには、その場で考えて話すという「即興性」が求められるからです。

しかし、ある意味、この「即興性」こそ、音声言語を用いて行われる「話す」という行為の醍醐味と言えるでしょう。この力を伸ばせてこそ、話し合いを通して自分の考えを深められた、自分の意見を言ったり友達の意見を聞いたりしているうちに自分の考えが整理されてきた、という話し合いの究極の成果を得られる子どもに育っていくことでしょう。

たった一つの手法で「反応する力」を育てられるということはありませんが、私なりの「反応する力」の育て方について、三つ紹介します。

一つは、「反応しよう」という態度を養うことです。話す指導の「話に対する自分の考えを持たせる」ことにも重なりますが、友達の考えを聞いて、それに対して自分の考えを持てる聞き手がよい聞き手であり、話し合いの参加者であるという意識を子ども達に持たせるのです。

ある程度、聞く力も話す力も育ってきた段階で、「友達の考えに対してさらに意見を言える人が、話し合いができる人です。」「自分の意見を言えておしまいではありません。」等、「反応しよう」という姿勢を持たせるための言葉かけをしつこくしていきます。また、意見に対してさらに意見を言えている子を価値づけて、クラスで共有していくことも有効です。そうして、子ども達の意識を「よく聞いて反応できるようにしよう」としていくのです。

二つめは、質問を出させることです。質問をする、というのは最も手軽にできる「反応」です。例えば、「Aさんは、～と言いましたが、なぜそう思ったのですか。」とか「Bさんは、～と言いましたが、それは例えばどんなことですか。」「Cさんが言ったことがよく分からなかったので、もう少し詳しく話してください。」などです。

はじめは、あまり質問は出てきませんが、徐々にこうした質問が出されます。出てきたら、おおいに褒めることです。3年生でこれができることは素晴らしいことです。「あなたの質問のおかげで、よく分かったよ、という人が他にもたくさんいると思います。素晴らしい質問だったね。」「君はよく話を聞いているから質問ができたんだよ。質問ができる、ということは、よく聞いて、よく考えているということです。」などと、全力で褒めていきます。

そういうことを繰り返していけば、意見が出そろった後「はい、じゃあ、友達に質問がある人？」と聞くだけでパッと手が多く挙がるようになっていきます。その子達に発言させていけば、議論に発展することも出てきます。

三つめが、子ども達に「これは違うなと思うものを見つけてください。」と指示することです。子ども達に「ダメ出し」をさせて、出された意見に絞り込みをかけていくことを教えるのです。

子ども達からたくさん意見が出されると、教師はそれらをどれも大切に扱いたくなり、「これもいいね、それもいいね、あれもいいね、どれもいいね」と扱ってしまいがちです。そういうことを繰り返していると、逆に子どもはやる気を失っていきます。結局、何が正解なのか分からず、自分の考えは合っていたのか、間違っていたのか分からず達成感を得にくいのです。授業としても、押さえるべきことを押さえられない、中途半端な授業になってしまいます。

ですから、必要なのは意見の絞り込みです。

どれが正しく思われ、どれが間違っていると思われるか、出された意見を検討していかなくてはいけないのです。つまり、意見に対する意見を持たせていくことです。

その際、「どれが正しいと思いますか。」と問うよりも、「どれが違うと思いますか。」と問う方が子ども達は考えやすくなるのでおススメです。人は粗探しの方が得意ですし、正しい理由を言うよりも、違う理由を言う方がしやすいものです。子どもも同じで、教師が黒板に字を書き間違えたときなど、すかさず指摘しますよね。そういう習性をうまく利用します。

「これは違うな」と思う意見を指摘させる際、必ず根拠や理由を言わせます。例えば読み違いであれば、「〇ページに～と書いてあって、これは××だということだから、Aさんの考えは違うと思います。」という具合です。こうしたことができれば、一気に話し合いは深まっていきます。

「違っている」と言われるのは意見を出した側からすると傷つくのでは、と思われますが、子どもはそんなにやわではありませんし、すぐに慣れますし、「次こそは！」と意見をより強固なものにしようと頑張るようになります。教師が、「Aさんの間違いのおかげで、こうやって議論になって、本当に勉強になりました。ありがとう。」などと、間違いを価値づけることも重要です。

もちろん、互いの解釈を話し合うなど、正解のない話し合いであれば、互いの解釈に触れ合うということがねらいですから、「どれも正解」で、授業のねらいも達成できていることになります。子ども達にも、「これは正解がある話し合い？　それともない話し合い？」と尋ねて考えさせ、認識させることも大切です。そのような認識があれば、「今は正解があるから、どれが正しいかよく考えよう」「今は正解がないから、自分とは違う考えの子を探しながら聞こう」と、構えを持ちながら話し合いに臨むことができます。

(3) 意見の共通点や相違点に着目させる

→資料編167ページへ

話し合いを進めていくうえで重要となるのが、互いの意見の共通点や相違点に着目させることです。そうすることで、話し合いの内容が整理されてきて、考えも深まっていきます。

学習指導要領の「A話すこと・聞くこと」「オ話し合うこと」の中学年の指導事項には、「互いの意見の共通点や相違点に着目し」という文言が出てきます。

子ども達が共通点や相違点に着目しやすい工夫について二つ紹介します。

一つが板書の工夫です。

次の図のようにベン図を用いるなどすると、共通点や相違点が可視化され、子ども達にも分かりやすくなっていきます。

板書の工夫で子ども達に気づかせたいと考える際は、あらかじめ教師が子どもからどんな意見が出されるかを想定しておかなくてはいけません。そうして、教師が意図を持って整理していき、子ども達に気づかせていくのです。

いま一つが、取り立てて指導することです。

共通点や相違点を見つける、という名目のもと話題を設定し、話し合わせるのです。この際、話題は簡単なものにした方が子ども達は取り組みやすくなります。

例えば、「海遊びと川遊びの同じところと違うところは？」という話題で海派と川派に分かれてそれぞれのよさを話し合います。同じところは「水で遊ぶ」などが出されるでしょう。違いとしては「海はしょっぱいけれど川はしょっぱくない」「川はスイカなどを冷やせるけれど海はあまり冷やせない」「海は波がある、川は流れがある」「海では砂浜でも遊べる、川は石などで遊べる」などが出されていくでしょう。

これらを黒板に整理していくことで、子ども達は「同じところ」や「違うところ」という概念が理解できていきます。その後、物語や説明文の授業等でも、先述したベン図などで整理すると子ども達もスムーズに共通点や相違点に着目することができます。ゆくゆくは、テーマを変

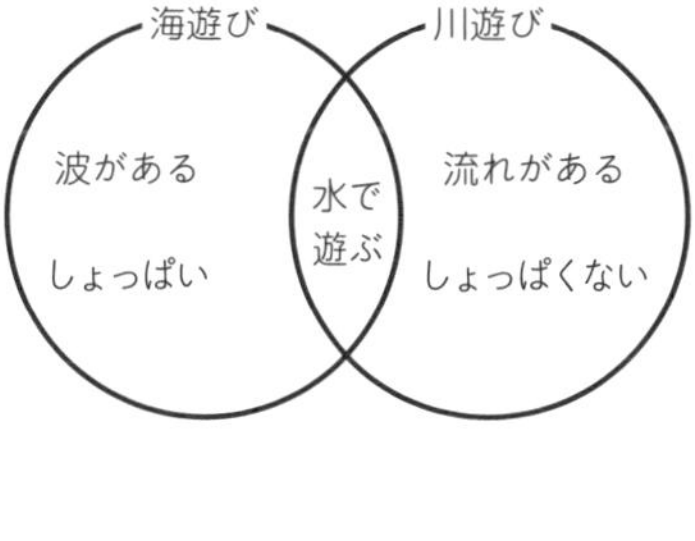

えてグループでやらせてみたり、ペアや一人でやらせてみたりすると、一人一人の活動や思考が保障されるでしょう。

(4) 役割を持った話し合い活動の指導

↓資料編167ページへ

中学年からは司会など役割のある話し合い活動も指導事項に入ってきます。

低学年のうちは教師が話し合いを進めていましたが、中学年では司会を子ども達にやらせることもあります。3年生では、司会という存在や役割を知ること、そしてやってみることを目標に、指導していくとよいでしょう。

まずは、司会がどのような役割をすべきなのかを教えて、教師が手本を見せることです。その後、グループごとに実際に取り組ませてみます。最初なので、司会の子には台本を持たせてもよいでしょう。次に、上手にできているグループを教室の前に出して、みんなで「話し合いのよいところを見つけよう」と観察するのが有効です。この活動を挟んでからもう一度行うと、子ども達の話し合いに取り組む姿勢や質は非常に高まっています。

話し合いは音声言語で行われるため振り返りにくいものです。今自分がどのように取り組んでいるかは見ることができません。それをみんなで観察することで、メタ認知されていくのです。1人1台端末で話し合いを録画して、司会の役割に着目させたければ、「司会の○○さんのよいところに注目

して観察しましょう。」と声をかけていくとよいです。

そして、話し合いの後、よかったところを出させていき、クラス全体で共有していきます。こうした活動を繰り返していくと、司会など役割のある話し合いの質もどんどん高まっていきます。

(5) ペアやグループでの話し合い

→資料編168－169ページへ

ここまで、クラス全体での話し合いを念頭に置いて、その指導法について述べてきました。話し合いは、クラス全体で行うだけではありません。むしろ、一人一人に「対話的な学び」を保障するため、昨今ではペアやグループでの話し合いを多く取り入れる傾向があります。そのため、本書でも、子ども達のペアやグループでの話し合いのレベルを高めていくための指導法を紹介しておこうと思います。

ペアでの話し合いでは、相手の目を見て、体を向き合わせて話すように指導します。活動も様々行い、慣れさせていきましょう。
(活動例は資料編をご覧ください。)

「ペアで話してみて。」と教師が言ったらパッと話せたり、場合によっては授業中に子どもの方から「先生、ペアで話していいですか。」などと提案してきたりするくらい、子ども達にペアでの話し合いに慣れさせせます。

授業でも積極的にペアで話し合う時間をとります。先の写真のように前後ペアや隣ペアなど、なるべく多くの子と、ペアで話すことに慣れさせていくようにしています。話し合った後、「ペアの子は何て言っていた？　言える人？」と尋ねることも度々します。ときどきこのように尋ねることで、相手の話もきちんと聞くようになります。

グループでの話し合い指導において、私が意識しているのは先述のように、「よい話し合いをしているグループの話し合いをみんなで見る」ことです。長崎伸仁監修、香月正登・上山伸幸編著、国語教育探究の会著（2018）では、子ども達の話し合いを文字化した資料などから、話し合いの「やり方」（コツ）を、子ども達自身に発見させていくというユニークな実践等が紹介されています。その考え方を援用し、代表者の話し合いをみんなで客観的に見て、よいところや課題を出し合い、自分たちの話し合いに生かしていきます。普段は話し合いをしていてなかなか気づけないことにも、見ることに専念すれば気づけるものです。話し合いの「やり方」（コツ）に気づいていくと、子ども達はそれを真似して、上手な話し合いができるようになっていきます。見つけたコツは掲示物にしてみんなで共有しましょう。

第2章

書くことの指導

私は、子ども達の書く力を高めることを非常に重要視しています。

書く力は考える力、表現する力などが合わさった複合的で、高次の能力です。書く力を高めることは難しく、子ども達の国語の力の中でも最後にやっと伸びてくる力でもあります。書く力が高まることは、子ども達を知的にし、粘り強く思考できる子にしていくということです。当然、他の教科でも成果が出やすくなり、子ども達の学力は飛躍的に伸びていきます。教師に指導力があり、育っているクラスでは、子ども達の書く力が高まっています。反対に、あまり育っていないクラスでは、「多くの子がちょろっと書いて終わり」「『何書けばいいの?』のオンパレード」というような様子が見られます。それだけ、「書く」という行為は難しく、ハードルが高い、面倒な行為なのです。

大人だって同じです。継続的に文章を書いたり、レポートや論文を書いたりしている教師は少数派でしょう。私は著書をいくつか書かせていただいておりますが、それでもやはり書くことはエネルギーを使います。面倒だなと思うことも少なくありません。それだけ頭を使い、疲れることだからです。

ゆえに、子ども達の書く力を育てるというのは簡単なことではありません。それでも、3年生なりに書く力を高めていきたいものです。そのために私は、次のような方向性で書く力を高めています。

「書く量」を伸ばす→徐々に「質」の指導もしていく

基本的に、これはどの学年を持つときも変わらない、私の指導方針です。指導上最も重要視すべきは、子どもの「意欲」です。これがないと、どんな指導をしても空回りします。また、どの子も「質の高い文章」を書くのは無理です。これは、大村はま先生も「みんなが文章のうまい子にはならない」

という旨のご発言をされています（大村はま（1994））。それなのに、書いた文章のダメ出しや、もっとこうした方がいいというアドバイスばかりでは、子どもは書く意欲を失います。

ですから、まずはとにかく「書く量」を高めていくように指導します。楽しく、意欲的に書いているのが一番重要です。文章の質は、ある程度目をつむります。「書く量」は誰の目から見ても成果が分かりやすく、達成感も得られます。子ども達は、たくさん書けると「自分は書くことは嫌いではないな」と思い始めます。書くことに対する抵抗のない体になっていくのです。そのような状態に育てていって、次第に「質」の指導をしていけばよいのです。この際も、「全員に！」と焦る必要は全くありませんし、そんなことは無理です。先述のように、書く力は、考える力が大きく関わり、考える力が高まらなければ書く質も高まりようがありません。物事を考える力は、一朝一夕で高まるものではなく、書く力も同様です。（だから、書く力が育っているクラスはすごい、とも言えますね。）

子ども達が楽しみながら、たくさん書いて、徐々に質を高めていく……そんな方針での指導を紹介していきます。

1 書く量を増やし、書く意欲を引き出していく

まず、「書く量」を増やしていく指導法について述べていきます。

先述のように、私はどの学年を担任したときでも、「量」→「質」という順で指導していきますが、

「量」を指導する際は、子ども達の発達段階に合った学習活動を取り入れます。

毎時間の国語授業で、短時間で取り組める書く活動を継続的に、繰り返し取り入れて鍛えていくのがよいと私は考えています。繰り返していくことで、子ども達は少しずつ進歩していき達成感を得られ、自信がついていくからです。単発の楽しい活動もいいのですが、それだと子どもは前回からの進歩が感じられません。地味な活動でも繰り返し行うことで、活動への見通しも立ち、どの子も参加でき、なおかつどの子も成長を感じられます。

拙著『1年生担任のための国語科指導法』（以下『1年生国語』）や『2年生担任のための国語科指導法』（以下『2年生国語』）でも紹介していますが、低学年では「文単位」でたくさん書かせるようにしています。1年生では「主語くじ」で主語を変えながら文をたくさん書く活動を、2年生では「箇条書キング」で箇条書きをしながら書く量を増やしていく活動を紹介しました。子ども達の実態によっては、3年生以降も、これらの活動を活用することができると思います。

ですが、私は基本的に3年生以降は、「見つめて見つめて書きまくれ！」という活動を中心に、子ども達の書く量を増やしていくことにしています。（→資料編169ページへ）この活動は、2年生の「箇条書キング」をレベルアップし、教室の中にある物などを観察して文章でつなげて書いていくものです。「見つめて見つめて書きまくれ！」でも、「書いて書いて書いてみよう！」でも、ネーミングは子ども達と一緒に考え、しっくりくるもので構いません。とにかく、「書く量を増やそう。」「鉛筆を止めません。」「たくさん書けた人の勝ちです。」などと声かけし続け、子ども達の書く量を増やしていきます。

はじめは、書いている内容には特に言及せず、とにかくたくさん書けていることを価値づけていきます。これは、子ども達の書く意欲を引き出すことや、書くことに対する抵抗を和らげることにもつながります。教室にある物（文具や蛍光灯、黒板消しなど）を見せて、「見て分かること、気づいたこと、何でもよいからとにかくたくさん書いてみよう。」と投げかけるのが「見つめて見つめて書きまくれ！」ですが、量だけを書けばよいのであれば、基本的に誰でも取り組むことができます。はじめは2、3行くらいしか書けなくとも、繰り返していくうちに10行くらいはみんな書けるようになりますし、2ページ弱くらい書ける子も現れます。すると、「初めてこんなにノートに文を書いた。」とか「前やったときよりも、たくさん書けるようになった。」と子ども達が口にするようになっていきます。

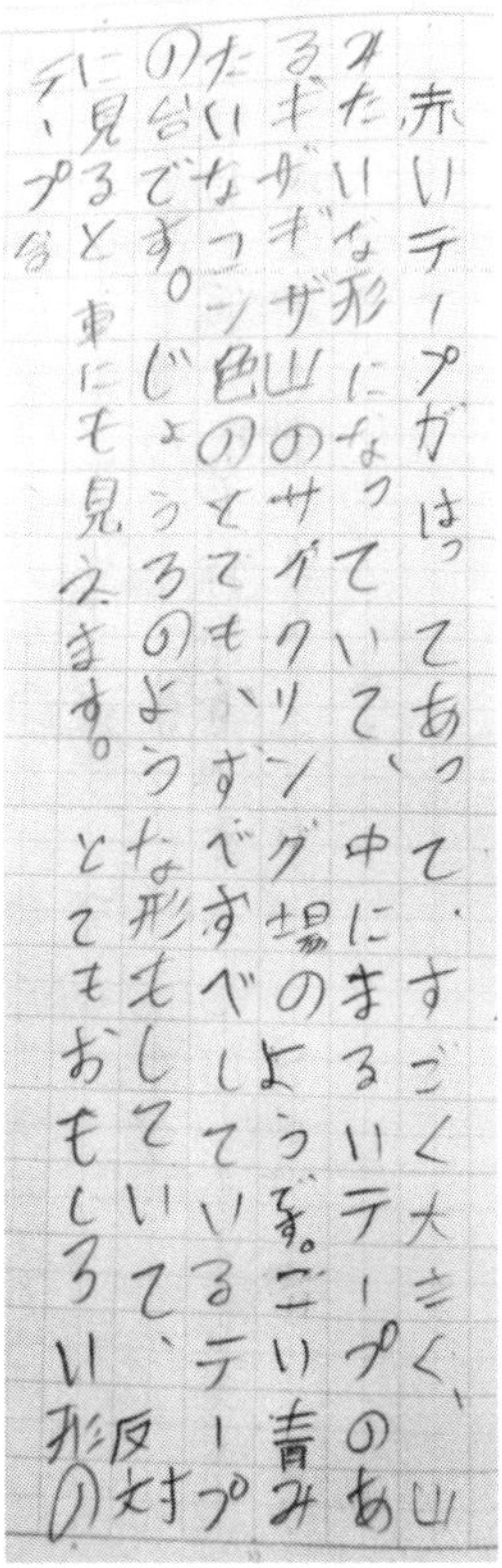
赤いテープがはってあって、すごく大きく、山
みたいな形になっていて、中にまるいテープのあ
るギザギザ山のサイクリング場のようです。こい青み
たいなコン色のとてもすべすべしているテープ
の台です。じょうろのような形もしていて、反対
に見ると車にも見えます。とてもおもしろい形の
テープな

　自分は書くのが苦手だと思っていた子も、意外なほどにノートに文を書くことができたり、はじめはあまり書けなくても繰り返していくうちに書けるようになってきたりして、書くことが苦ではなくなっていきます。そうして、結果的に子ども達の書く意欲をさらに引き出すことができるのです。

　教師が様々な働きかけ、声かけをするのも、子ども達の書く意欲を引き出すうえで非常に重要です。しかし、それ以上に大切なことは、「実際にたくさん書けた」という事実なのです。ノートにぎっしり書けたという事実が子ども達の自信を高め、さらなる意欲向上へとつながっていきます。

そして、この活動で引き出した子ども達の「書く量」「書く意欲」は、国語科の他領域、また他教科での学習へと広げていきましょう。次ページの写真のように、他領域、他教科の学習においても「たくさん書くぞ！」「まだ書きたい！」という子達へと育てていくのです。そうしてこそ、本当の「書く指導」と言えます。国語科の中の「書くこと」だけに閉じていては意味がありません。先述のように国語科は他教科の基礎となる教科です。書くことは他教科でも毎時間行います。ですから、このように派生させてこそ意味がありますし、子ども達の本当の自信にもつながります。その段階まで書く量、書く意欲を高めることができれば、書く質への指導も入りやすくなっていきます。

写真のような段階にくるまでには、「書いて書いて書いてみよう！」など書く量を増やす活動を継続的に繰り返していくこと、それに伴い、子ども達が書けたという達成感を味わい意欲をさらに高めるというサイクルをつくることが欠かせません。また、そのサイクルを通じて一人一人が成長し、最終的にはクラス全体に「書くときはとにかく書きまくる」「たくさん書けるってかっこいい」「とにかく鉛筆を動かしてみる」という風土・雰囲気のようなものが醸成されていくことが重要です。

そのような風土ができあがれば、子ども達は書くことに全く抵抗なく、むしろたくさん書くのが当たり前、手を抜いていい加減に書くのはなんだか自分でも気持ち悪い、というように育っていきます。繰り返しになりますが、書く指導は、書く量、書く意欲を高めることからすべてが始まるのです。

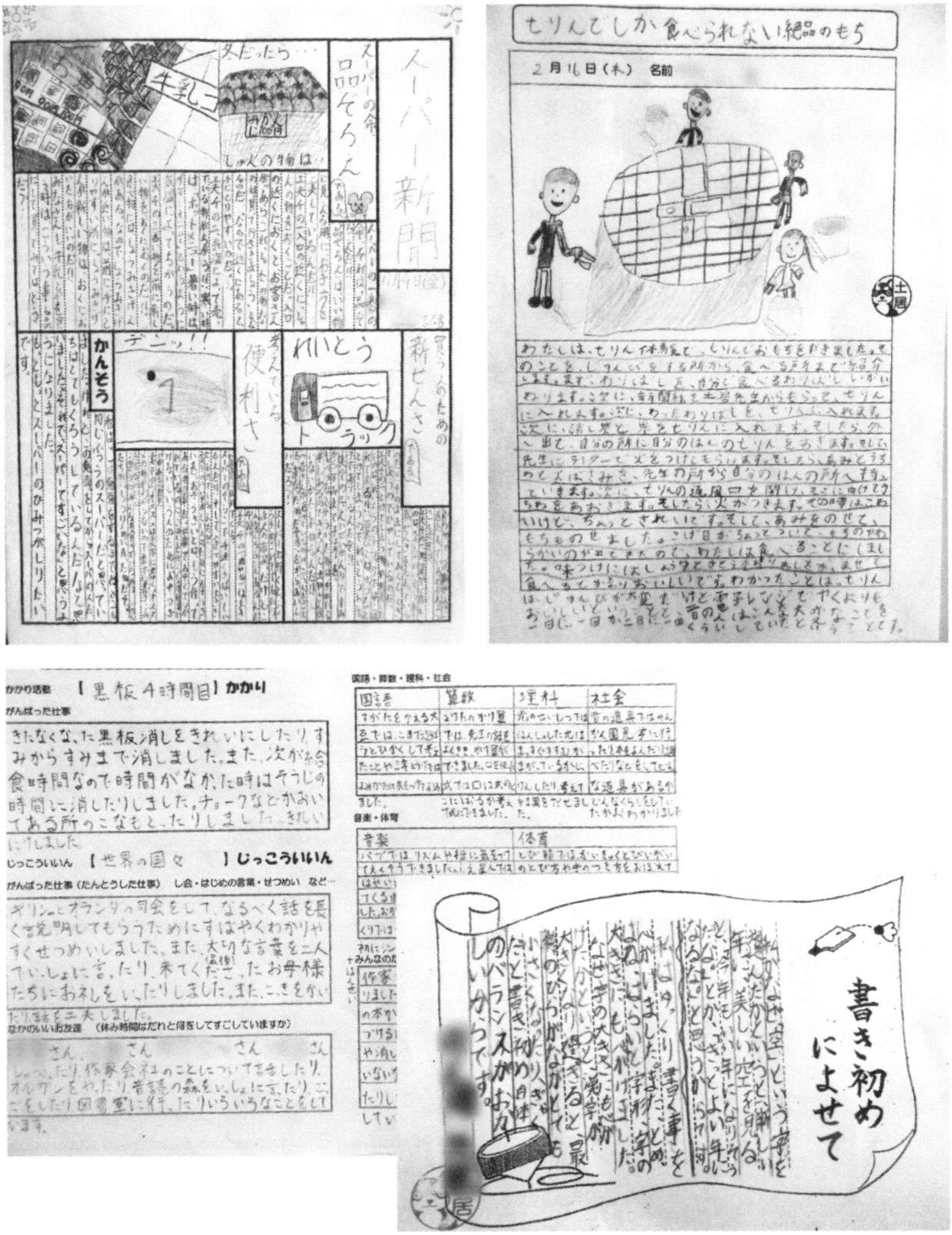

左上：社会科の新聞　右上：総合の七輪体験の振り返りシート
左下：一年間の振り返りシート　右下：書き初めの作品カード
いずれも行を自分で増やすなどびっしりと書いている

2 日記指導で「質」を高める

(1) 日記指導で高めたい力

子ども達の「書く量」は主に「箇条書キング」のような学習活動で伸ばし、やる気を高めることでさらにまた伸びる……というようなサイクルで伸ばしていきます。

子どもの「書く質」の方は、私は日記指導からアプローチすることが多いです。『1年生国語』でも日記指導を紹介しましたが、3年生含め、全学年で取り組みます。私は、日記指導を通して子どもの「書く質」を高めたいと思っています。「書く」という行為は「考える」という行為そのものであり、「書く質」を高めることは、子ども達の「考える」力を高めることにつながります。

では、どのように子ども達の書く質を高めていけばよいでしょうか。

それは、具体的にいえば次のような力です。

- 書きたいことを見つける力
- 焦点を絞って書く力
- 自分なりに考えたことを書く力

これは、低学年、中学年、高学年でも、書く内容のレベルの上下はあっても、大きくは変わりません。そして、これら三つの要素は、それぞれが単独で存在するのではなく、絡み合っています。

次項以降は、これら三つの力について具体的に述べていきましょう。

(2) 書きたいことを見つける力―クラス全体で面白がりながら―

まず、書きたいことを見つける力、というのは自分が何を書くかを決め、それを調べたり、詳しく見たり、考えたりしようとすることも含みます。「取材力」と言えます。取材力がない子は、よく「書くことがない」と言います。しかし、話を聞いてみると、前日に何もしていないわけではないのです。それなのに、「書くことがない」と言って書けないでいます。何か特別な場所に連れて行ってもらった日などには書けても、そうではない日には書けないことが多いです。

一方、取材力がある子は、何の変哲もない一日を過ごしたとしても、さらっと日記を書くことができます。例えば、公園に行って遊んだときに見つけた虫についてのこと、ブランコの漕ぎ方、など様々なことを面白がって書いてきます。特別な場所に連れて行ってもらったときも、単にそこで自分がしたことを書くだけでなく、ジェットコースターの仕組み、チケットの仕組みなど、自分なりに疑問に思ったことを書くことができます。

このような、書きたいことを見つける力、取材力は、一朝一夕で育つものではありません。考える力、物事を見つめ分析する力などが関わっているからです。

ですから、日記指導でじっくりと育てていくのが適しています。後述しますが、日記指導では、他者の日記をたくさん聞く（読む）ことになります。その中で、「あぁ、そんなことでも書いていいんだ」「○○さんは、僕がなんとも思っていなかったことを詳しく考えているんだなぁ」ということを経験します。そうして徐々に書きたいことを見つける力が高まっていきます。すぐには高まりませんが、自分なりの題材を見つけて書いてきたときなどはおおいに認めてあげることが大切です。後に子ども達が書いた日記を紹介しますが、実にバラエティーに富んでいます。「そういうテーマできたか！」というものが多くあります。そういう日記をクラスみんなで読み合い、面白がりながら、楽しく書きたいことを見つけられる力を高めていきたいものです。

(3) 焦点を絞って書く力―「題名のつけられるもの」「一つのことを詳しく」―

次に、焦点を絞って書く力は、自分で決めた題材を中心にして書いていくことです。これができない子の日記は、次のような一日のことをまんべんなく同じように書くものになりがちです。

「朝起きて、顔を洗って、歯磨きをしました。次に朝ご飯を食べました。おいしかったです。次に公園に遊びに行きました。楽しかったです。その次に買い物に行きました。……」

ですから、このような子達には、「題名のつけられるものを書こう。」「一つのことを詳しく書こう。」と伝えます。まんべんなく一日のことを書いた日記は、題名をつけられず、つけるとすれば「○月○日」となるでしょう。このような日記を書いているうちは、「書く質」は高まっていきません。すべての物事を非常に浅くしか書けないので、浅くしか考えていないということだからです。

そこで、「題名のつけられるものを書こう」という合言葉のもと、題名のつけられる日記を書いた子の日記を紹介したり、教師がわざと題名のつけられないものを書いて紹介して比較させたりするなどして、具体的にどのような日記が「題名のつけられるもの」なのかということを理解させていくとよいでしょう。「一つのことを詳しく書く」ということが分かっていきます。

うまくできない子には、焦点を絞る練習を一緒にするとよいでしょう。

教　師「○○さん、昨日は何をしたの？」
子ども「昨日、公園に行きました。」
教　師「そうなんだ。何をして遊んだの？」
子ども「えっとね、滑り台をして、ブランコをして、砂場で遊びました。」
教　師「おーいいね。何をしたのが一番楽しかったかな。」
子ども「えー、砂場かな。どろ団子をつくるのが楽しかった！」
教　師「どろ団子つくるの楽しいよね。どんな風につくったの？」
子ども「誰が一番つくるの上手か大会をしてね、指じゃなくて手のひらを使ってつくるととってもきれいになったよ！」
教　師「そうなんだね。今お話したことを日記に書いてみたらどう？　公園に行ってどろ団子をつくったことを詳しく書けばいいね。」

このようにやり取りをすれば、焦点を絞って書くことが具体的に分かってきます。焦点を絞って書けるようになるということは、「一つのことを詳しく見つめる」ことができるようになるということです。それはすなわち、先述した「書きたいことを見つける力」の向上にもつながっていきます。

(4) 自分なりに考えたことを書く力—書いていて思ったことでもよい—

大学生になると、レポートを書くことが多くなります。その際、重要なのが自分なりの考えを書くことです。これがなければその人が書いたレポートではありません。

忘れもしないのが、大学生になって初めて書いたレポートのことです。私は、自分の考えなど何も書かずに、他者からの引用ばかりで埋めたレポートを意気揚々と教授に提出しました。すると、教授から「これはレポートではなく、盗作です。この文章は他の人が書いたものです。あなたの考えはどこに書かれているのですか。」とメールが返ってきたのを今でも覚えています。「自分なりの考えを書く」というのは非常に重要であり、その文章の価値の大半を占めるとも言えます。小学生のうちから、文章を書くときの習慣にさせていきたいことです。

小学生は、出来事だけを書き連ねていく「出来事日記」を書いてしまう子が多いものです。特に、低学年はその傾向が顕著で、3年生も同様です。先に挙げた、一日の出来事をまんべんなく書いてしまう「題名のつけられない日記」も、この「出来事日記」の一種です。

「日記」ですから、その日にあった出来事を書いて何ら問題はないのですが、そこに自分の考えたことが書かれていないと、面白みのないものになります。積極的に「考えたこと」を書かせるようにしましょう。そのとき思ったことを書いてもよいし、書いていて思ったことを書いてもよい、と伝えると効果的です。子ども達は、日記を書くときどうしても「そのときに自分が思ったこと」を書かなくてはいけないと思いがちです。そうするとかなり書けることが絞られてきます。そうではなくて、「今（日記を書いているとき）、そのときのことを思い出して考えたこと」も書いていいのです。大人も、そのときは無意識にしていても、あとから振り返ると思うことがあるということは多くあります。文章を書くよさはそういう、無意識を意識化できるということでもあるのです。

また、「疑問に思ったこと」を書かせるというのも面白いです。疑問に思うというのは、自分の頭で考えている証拠です。3年生でも、非常に面白い疑問を見つけてきます。

そして、教師がたくさん褒めることです。自分なりの考えが書けている日記をクラス全体に紹介しながら、「〇〇さんの日記は、自分が考えたことがたくさん書かれていて本当に面白い！」「よく考えているのが伝わります。」「よくそんな疑問を見つけたね！　先生が小学生のときは何も感じなかったよ！」などと本気で褒めます。

クラス全体で、文章には「自分なりに考えたこと」を書くものだ、という共通認識をつくっていきましょう。

（5）三つの力は絡み合っている

ここまで、日記指導で私が育てたい力を三つ紹介してきました。

先にも述べたように、これら三つは絡み合っています。自分なりに考えたことが書けるようになれば、たとえ人と同じことをしたとしても、自分なりの書きたいことを見つけ自分なりの文章を書けるようになっていきます。そして、書く文章は焦点の絞られたものになっていきます。

話すこと・聞くこと
書くこと
読むこと
ことば【知識・技能】

逆に、焦点の絞られたものを書こうと意識しているうちに、自分なりの考えを書くようにもなりますし、自分なりの題材を見つけようともします。自分なりの題材を見つけようと繰り返すうちに、自分なりの考えを持つようになり、焦点の絞られた文章を書けるようになっていきます。

つまり、どれが原因で、どれが結果というよりも、どれもが原因ともなり得るし、結果ともなり得るのです。ですから、私は、これら三つを総合的に伸ばしていくことが、結果的に子ども達の書く力を高めていくことになると考えています。

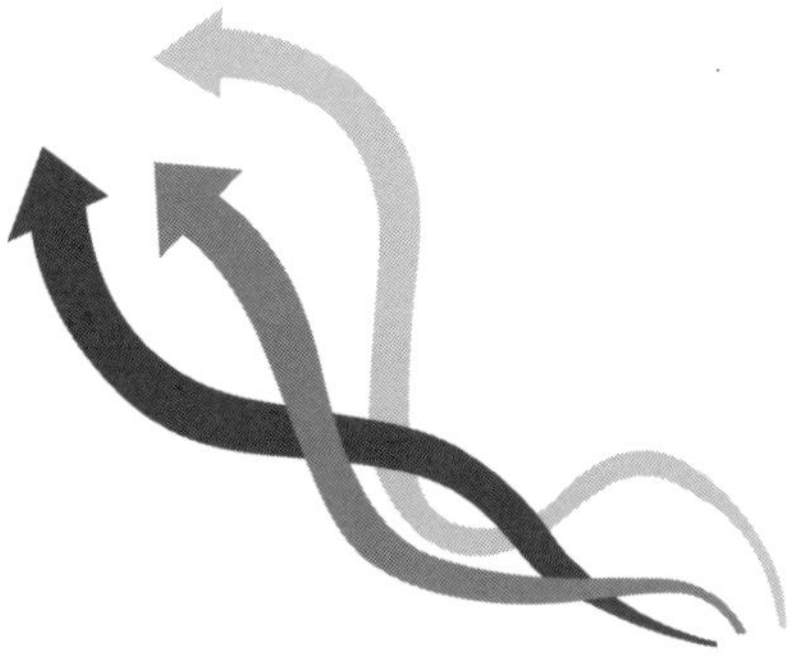

書きたいことを見つける力・焦点を絞って書く力・自分なりに考えたことを書く力は三位一体

「この子達は一つのことを詳しく書けていないな」とか「考えたことを書けている子が少ないな」などという、目の前の子ども達の実態に合わせて、何を重点的に指導するかを判断するのは担任です。

(6) 日記指導の肝は「紹介」にある

ここまで、日記指導で育てたい三つの力について具体的に紹介してきました。どの項目においても出てきたのが、子どもの日記をクラス全体に紹介しながら育てていく、ということです。

子ども達の日記を紹介することは、学級での日記指導の肝です。

やり方は簡単です。下準備として、教師がすべての日記に目を通して、その週に紹介したいものに「読んで！」と書いておきます。紹介したいものを決める基準は、先に挙げた日記指導で育てたい力三つと、目の前の子ども達の実態とを照らし合わせて決めていくとよいでしょう。「いろんな題材に触れさせて、自分の書きたいことを見つける力を高めたいから、このユニークな題材で書いた日記を紹介しよう」「まだまだ考えたことを書けない子が多いから、自分の考えが明確に書けている子のものを紹介しよう」「以前指導した、一つのことを詳しく書く、ということが最近できるようになった子の日記を紹介して、たくさん褒めよう」などと、意図を持って選択します。日記紹介の手順は、資料編170ページにて詳しく紹介しています。簡単にここで述べれば、「読んで！」と書いてある子に、読ませて（音読）いき、他の子によいところを見つけさせるのです。もしも、一人一人読ませる時間がなければ、学級通信などにコピーを載せて配るという手もあります。いずれにせよ、優れた日記をクラス全体で共有し、そのよさを広げていくということです。

○日記を紹介することのメリットと注意点

日記を紹介することのメリットは、子ども達の意欲と書く質を高めることです。

普段一緒に過ごしている、同じクラスの友達が書いた日記を読み合うというのは、教師が口で「こういう風に書こう。」と伝えるよりも何倍も効果があります。どこかよそから持ってきた文章でもなく、同じクラスのあの子が書いたものを紹介するから、意味があるのです。

子ども達にとって、これほど大きな「刺激」となることはありません。「〇〇さんの書いた日記、面白いなぁ！」「自分も頑張ろう！」という気持ちになってくれます。後述するように、私のクラスでは毎週金曜日に日記紹介をすることになっているのですが、子ども達はその時間を心待ちにしています。「先生、日記紹介まだですか⁉　早くしてほしいです！」と言ってくる子が後を絶ちません。『今回は『読んで！』が書いてあるかなぁ！」と楽しみにしている子もいます。金曜日が学校行事等でイレギュラーな日は、子ども達は「今日、日記紹介ありますか……?」と気が気でない様子です。

大きな「刺激」となり意欲を向上させると同時に、書く質を高めるうえでも大きな効果を発揮します。子ども達から実際に出てきたものを扱うので、子ども達の実態に合っていることが多く、子ども達も「なるほど！　そういう風に書けばいいのか！」と腑に落ちやすいのです。これが、よそから持ってきた例文等では、実態に合っていないことが多く、指導の効果も薄くなりがちです。

また、学級経営にもつながります。普段大人しくてあまり自分を出さないけれど、文章を書くことだったら……という子はクラスに必ずいます。そういう子にスポットライトを当てることができます。クラスみんなで「〇〇さんの日記ってすごいね」と認める機会になります。そういう機会があると、クラス全体がなんとも言えない、ほっこりした雰囲気になっていきます。隠れていたその子のよさに気づき、認め合い、その子もうれしそうにします。子ども達同士が、日記を読み合ってお互いを理解し合っていくことが可能なのです。

このように、日記紹介にはたくさんのメリットがあります。日記に取り組んでいるクラスでは、取り入れない手はないくらいです。

一点、注意が必要なのは、子どもに「拒否権」を認めることです。たとえ日記に「読んで！」と書いてあったとしても、内容的に全体の前では読みたくない、コピーしてほしくないという場合があります。そういうときは、子どもに拒否することを認めます。日記を書いて「これは全体の前で読みたくないな」という場合は「読まない」とあらかじめ書いておくのです。（ですが、ずっと「読まない」と書く子は非常に稀であり、多くの子は、「ぜひ読みたい！」と思うようです。）

○日記紹介は子ども達に波及していく

日記紹介をすることで、子ども達は、「あ！　いいな、この日記！　自分も書いてみよう」とか、家で書いていて何を書こうか迷ったとき「そうだ！　○○さんの書いていたように書いてみよう」とよさを波及させていきます。このように、友達の日記のよさを真似している子も、さらに紹介して褒めます。「真似できる人は、賢い人です。素晴らしい！」とクラス全体に伝えます。そうすれば、日記紹介の効果はさらに倍増していき、クラス全体の意欲や書く質がどんどん高まっていきます。

（7）日記の基本システム―一年間、無理なく続けられるシステム構築を！―

ここまでをお読みになって、いかがでしょうか。ご自分のクラスでも「日記システム」を取り入れたい！という思いになっていらっしゃれば、うれしいなぁと思います。そんな方のために、私のクラスでの日記のシステムを紹介しておきます。

システム１　提出頻度：週に一度。月曜日に提出する。他の日にも書きたい人は書いてもよい。

提出させるのは、週に一度、月曜日のみです。子どもたちは、基本的には土日に書いてくることになりますが、平日に書く子もいます。「日記」というと、毎日取り組まなくてはいけないのかなぁと敬遠する先生が多いですが、毎日書かせ、そしてそれを読むのは、子どもにとっても教師にとっても負担が大きいものです。ですから、私は週に一度にして、その代わり「質」を求めることにしています。元々、日記指導は、私の「書くこと」指導の中では「質」を高めるためのものですし、ある程度の「質」のものを子どもに求めるのであれば、それ相応の時間も必要だと思います。そう考えると、やはり一週間ごとに出させるのがよいという結論になりました。週に一度であれば、一年間挫折することなく続けられますし、一年間続ければ四〇回くらいは、ある程度の「質」の文章を書くことになるので、それで十分だと考えています。

「他の日にも書きたい!」という子もいるので、その場合ももちろん書いてよいことになっています。他の日に書かれたものももちろん教師が目を通し、「読んで!」になる可能性もあります。しかし、他の日に書くことを決して強制はしません。

システム2　用紙・分量：用紙は基本的に四〇〇字原稿用紙を使用、分量は自由。

私は、基本的に3年生からは日記でも原稿用紙を使用します。どれくらいの分量を書けたかが分かりやすいからです。原稿用紙は6年生までずっと使うので、使い方もきちんとここで指導してしまうとよいでしょう。

システム3　基本スケジュール：月曜日提出・火~木曜日に一つずつ丁寧に読み、コメントと「読んで!」を選ぶ・金曜日に日記紹介。

月曜日に提出された日記を、空き時間などを利用して丁寧に読んでいきます。教師が丁寧に読み、評価するから、子どももいい加減に書かず頑張って書くようになります。木曜日までに読み終え、コメントすればいいので、かなり猶予があります。これなら一年間続けられます。金曜日には日記紹介をします。多くの子が土日に書くので、金曜日に紹介してから家に帰すことで、友達の日記を参考にしやすいのです。

システム4　賞罰は設けない。

日記に関して賞罰は設けません。これは、「素晴らしい日記を書いたからシール一枚」とか「日記の宿題を忘れたからおかわりなし」というような、日記を書いたから何かご褒美があるとか、逆に日記を書かないと罰があるというシステムにしない、ということです。あくまでも、「書くことが楽しい」「日記を読み合うのが楽しい」という雰囲気をつくっていくことが重要だと考えているからです。賞罰を設けると、そこが歪んでしまいます。

(8) 3年生の子ども達が書いた日記

ここからは実際に3年生の子ども達が書いた日記のうち、日記指導で育てたい三つの力を見取りやすいものを紹介していきます。

○書きたいことを見つける力

まずは、書きたいことを見つける力が分かりやすいものです。これらは、ディズニーランドに行ったとか大会で優勝した、とか特別な経験ではありません。しかし、その一見普通の経験や物事を見つめ直してみて、書く題材にしています。作文をする際、よく聞かれるのが「書くことがない」という声です。子ども達は、何か特別なことでないと書いてはいけない、書くべきではないと思いがちです。そうではなく、このような一見普通のことこそ、自分なりに見つめ直してみればいくらでも書く対象となり得るのです。ですから、私は書くことがなくて困っている、という子が多い場合、積極的にこのような「一見普通」の場面を日記に書いたというものを取り上げて紹介することにしています。そうすると、子ども達は、普段の自分の生活を改めて見直してみることが増えます。

○焦点を絞って書く力

次に、焦点を絞って書く力です。焦点を絞れると、自分なりの気づきを得られたり、一つのことを突き詰めて考えたりすることができるようになります。記述量も多くなっていきます。細かいことでもたくさんのことを考えることができるようになるからです。

子ども達が書く題材は、焦点が細かければ細かいほどよいと思っています。例えば、「○月○日の思い出」よりも「○月○日に公園で遊んだこと」の方がよいですし、さらに「滑り台で遊んだこと」の方がよいと思います。

○自分なりに考えたことを書く力

最後に、自分なりの考えが表れているものです。75ページの下の日記のように「気づいたこと」などと書き表されることが多いです。自分なりの気づき、考えを書けるということは自分なりの文章が書けるということで、非常に重要なので、こういう視点をクラスで共有し、育てていきたいです。

書きたいことを見つける力

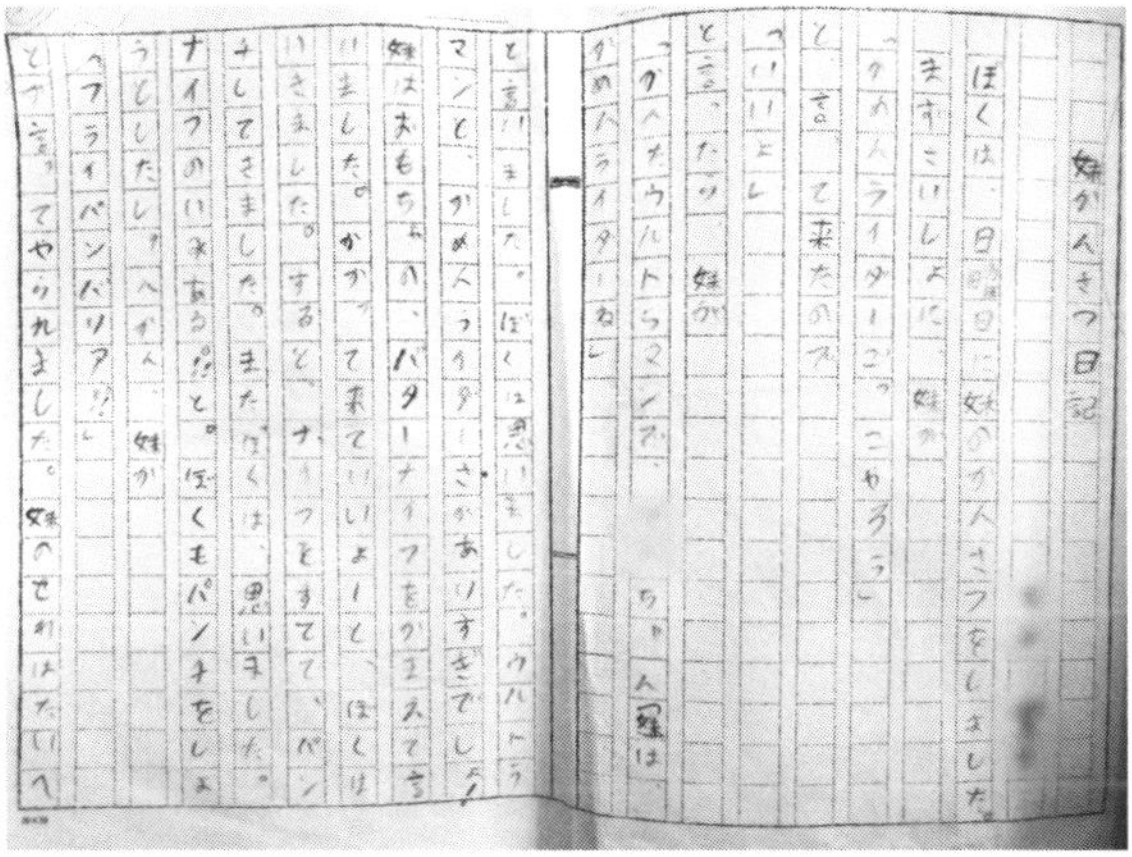

妹を観察して，その様子を面白おかしく書いた日記。
クラスで紹介したときは爆笑が起こりました。
以後，「○○観察日記」はクラスのトレンドに。

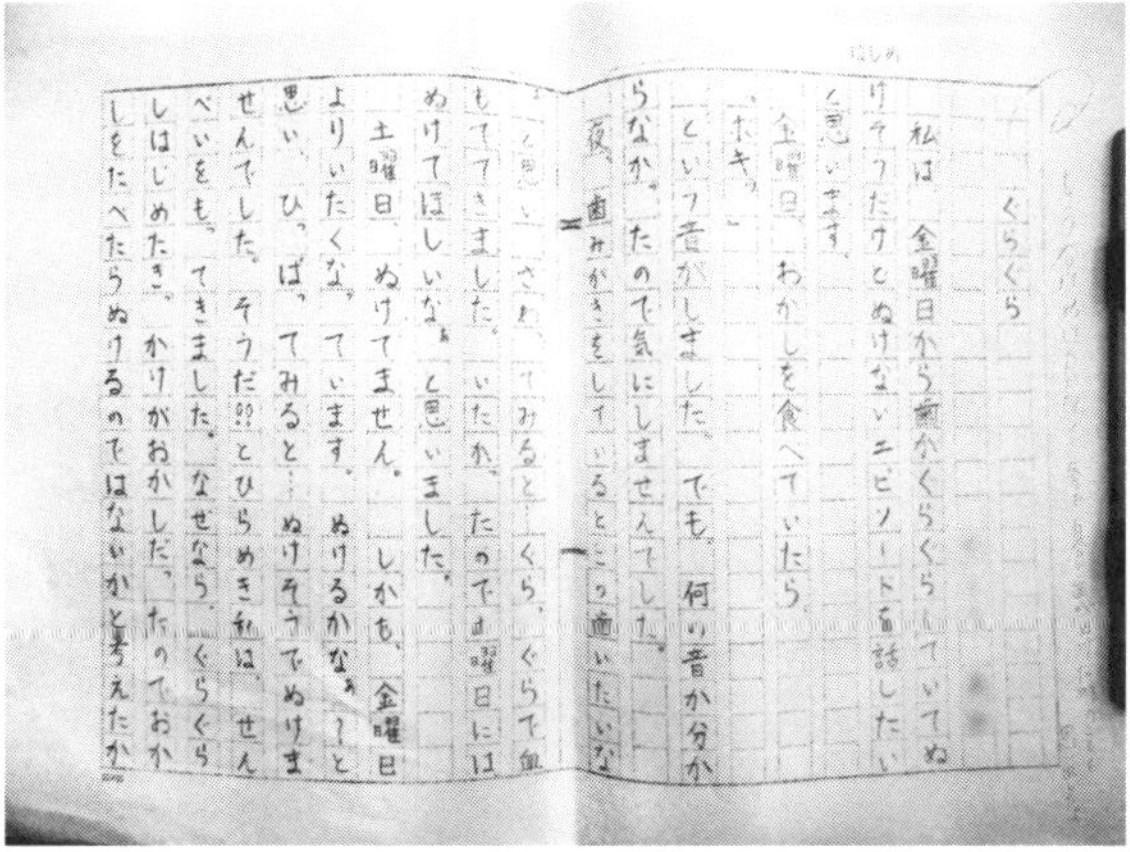

「歯がぐらぐらする」という，この年齢の子ならば
誰でも経験することを題材にした日記。

焦点を絞って書く力

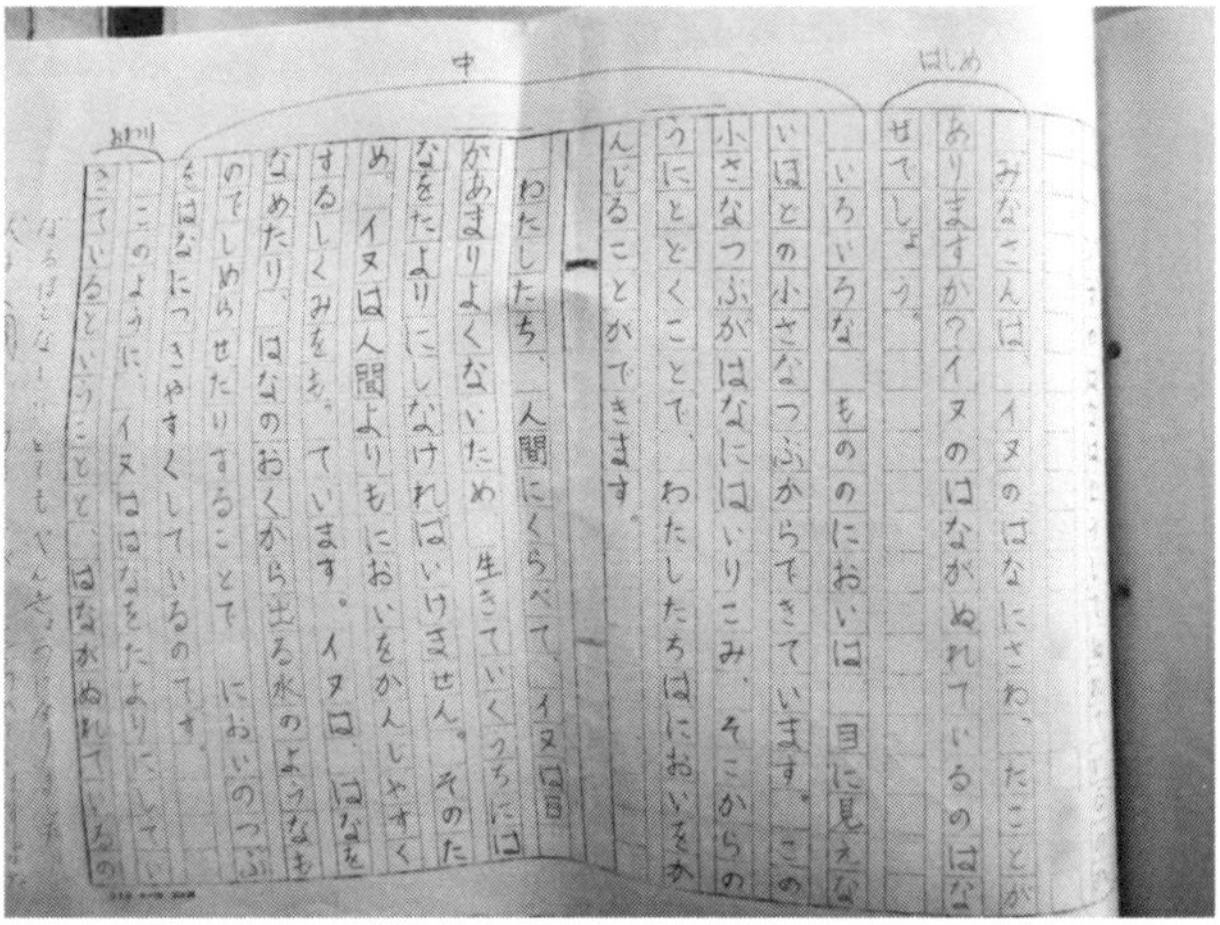

犬の鼻がなぜぬれているのかということについて。単に「犬」という題名で犬のこと全般を述べたものよりも焦点を絞ることができています。

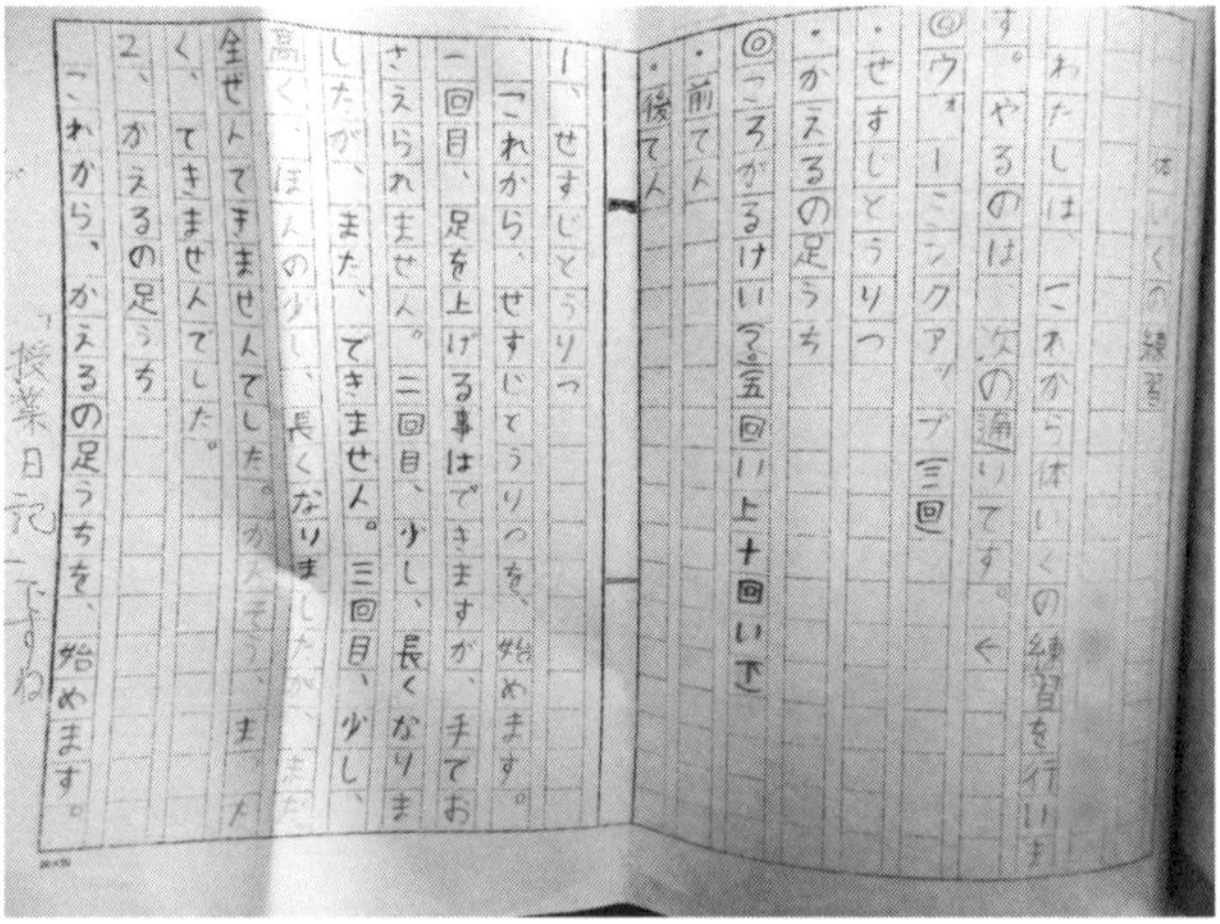

家でマットの練習をしたことについて。題名はやや大括りながら，その中で「せすじとうりつ」「かえるの足うち」など項目に分かれ，その項目内では詳しく焦点を絞って書けています。

自分なりに考えたことを書く力

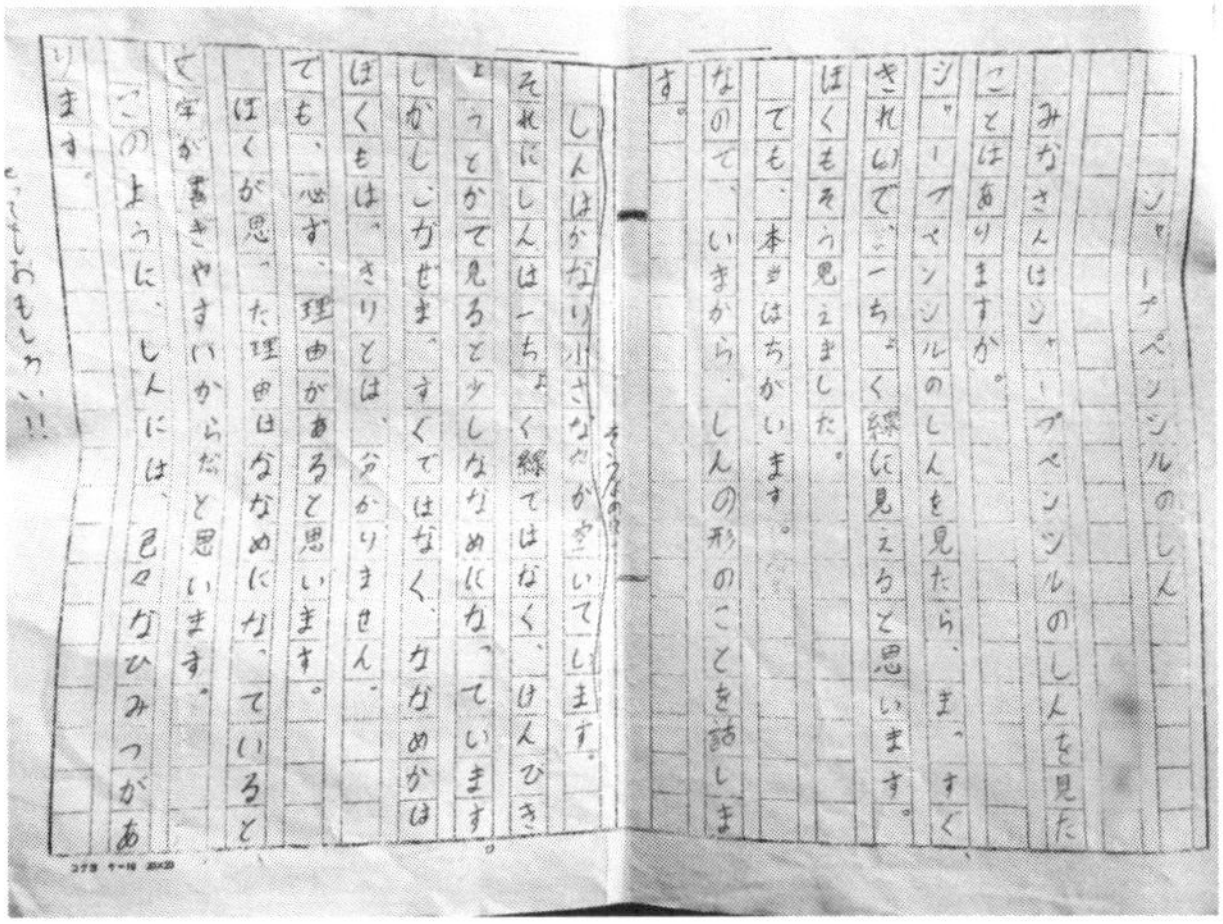

シャープペンシルのしん

みなさんはシャープペンシルのしんを見たことはありますか。

シャープペンシルのしんを見たら、まっすぐきれいで、一ちょく線に見えると思います。

ぼくもそう見えました。

でも、本当はちがいます。

なので、いまから、しんの形のことを話します。

しんはかなり小さなあなが空いてします。

それにしんは一ちょく線ではなく、けんびきょうとかで見ると少しななめになっています

しかしじかせま、すくではなく、ななめかは

ぼくもは、さりとは、分かりません。

でも、必ず、理由があると思います。

ぼくが思った理由はななめになっていると文字が書きやすいからだと思います。

このように、しんには、色々なひみつがあります。

とってもおもしろい!!

そうなのか

シャーペンの芯がななめになっていることを知り，
それがなぜなのか自分なりに考えてみたもの。

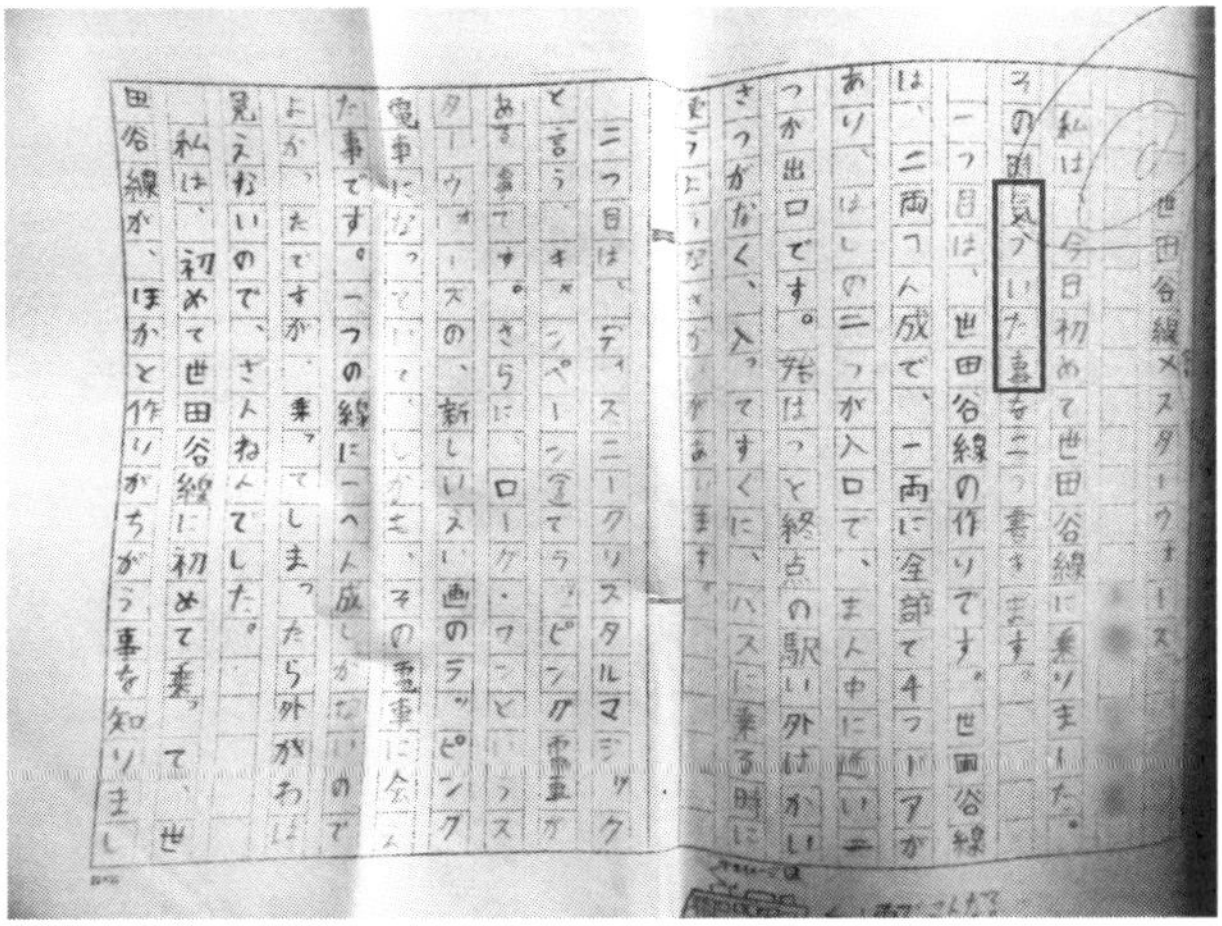

世田谷線メスターウォーズ

私は、今日初めて世田谷線に乗りました。

その時気づいた事を二つ書きます。

一つ目は、世田谷線の作りです。世田谷線は、二両つん成で、一両に全部で4つドアがあり、はしの二つが入口で、まん中に近い二つが出口です。

二つ目は、ディズニークリスタルマジックと言うキャンペーンでラッピング電車みたいです。さらに、ローグ・ワン/スターウォーズの、新しいえい画のラッピング電車になっていて、しかも、その電車に会えた事です。一つの線に一へん成しかないのでよかったですが、乗ってしまったら外がわは見えないので、ざんねんでした。

私は、初めて世田谷線に初めて乗って、世田谷線が、ほかと作りがちがう事を知りまし

初めて乗った世田谷線で気づいたことを書いた日記。

(9) 説明的文章指導と絡めた指導

3年生になると、学習した説明的文章も低学年から合わせるとかなりの数になっています。また、「初め・中・終わり」といった文章構成も板についてきているころです。ですので、説明的文章指導と絡めた書く指導も行っていくとよいでしょう。先ほど紹介した「犬の鼻はなぜぬれているのか」の日記に書き込まれているように、自分で「初め・中・終わり」を意識して書かせるというのも有効です。

また、学習した説明的文章の型を使って自分の書きたいことを書けるようにしていくと、子ども達の書ける文章の型が広がっていきます。「型」というと子ども達をそれに当てはめていくような気がして好きではない先生も多いかと思います。しかし、「型」があるからこそ、自由に内容を書いていけるようになるという子もいます。その「型」があるから救われるという子もいます。

特に、説明的文章は、子ども達は将来的にもレポートや論文、報告書などの形で必ず書くことになります。ですから、説明的文章を学び、読み取るだけでなくそれを書けるようにしていく指導は重要なことなのです。このことは、説明的文章指導の章で子ども達が実際に書いたものを紹介しながら、詳しく述べたいと思います。

第 3 章

読むことの指導

3年生への「読むこと」指導において大切なことを二点述べます。

第一に、他の学年と同様、まずは**音読指導に力を入れる**ことです。音読は、読解力の基礎です。基本的には、音読をスラスラできない子には深い読み取りなどできません。音読は、読解力の基礎であると同時に、学力全体の基礎とも言えます。そのため、全員に保障していかなくてはいけない力なのです。

音読といえば低学年、中学年からは読解だろう、と思われる方もいらっしゃると思います。しかし、音読は低学年だけでなく全学年において重要な力であり、学力全体に影響を及ぼしているとも考えられています（髙橋麻衣子（2013）など）。また、髙橋俊三（1988）によれば、大体小学校4年生ごろまでは、音読の方が黙読よりも早いとされています。平均的には、小学校3年生の子どもにとっては音読の方が黙読よりもスムーズに行え、理解しやすいということです。逆にいうと、4年生ごろからは積極的に黙読の指導もしていく必要があると言えるかもしれません。

いずれにせよ、3年生にとって音読指導の充実は必須です。むしろ、エネルギー溢れる3年生はしっかり指導すれば音読が大好きになります。溢れるエネルギーを正しく発散できるからです。教室の外まで、子ども達の朗々とした読み声が響き渡るようなクラスにできれば、読むこと指導の一つめのステップは十分合格、と言っていいでしょう。

第二に、**文章の関係性を読めるように指導していく**ことです。

この「関係性を読める」とは、文章の中で重要な文を見つけることができたり、最初と最後での変化に気づくことができたりすることを、私なりの言葉で表したものです。

例えば一文を読むときに、その内容を把握して終わりではなく、「全体と部分」「抽象と具体」というように、文章全体の中の一部として読み取っていくことができる、というようなことです。簡単にいえば、「つなげて」読めるということです。学習指導要領においても、「読むこと　ア」では「考えとそれを支える理由や事例との関係など」を読み取ることが明記されています。「読むこと　エ」では「登場人物の気持ちの変化や性格、情景」と示されています。「関係」や「変化」を読み取るには、文と文とを関係づけて読み取っていかなくてはいけません。つまり、「つなげて」読むということです。

低学年のときのように、一文一文を丁寧に読むことも大切ですが、それに加えて、文同士をつなげて考えていけるように育てていきましょう。

1　音読指導

(1) 音読はなぜ大切か

音読といえば低学年というイメージを持たれる方が多いかもしれませんが、音読は3年生にとっても非常に重要です。はじめから深い読み取りをさせようなどと思わず、とにかく子ども達全員を音読好きにし、家でもたくさん練習し、覚えるくらい読み込み、スラスラと読み上げられるように育てることを意識しましょう。

まずは教師が、なぜ音読が大切なのかということを明確に押さえておきましょう。詳しくは、拙著『クラス全員のやる気が高まる！音読指導法』（明治図書、以下『音読指導法』）をご覧いただきたいのですが、結論からいうと音読の意義は次の通りです。

> 音読は「読むこと」の枠に収まりきらない非常に広く基礎的な力である。読解力や国語科学力、全体的な学力とも相関があり、それらの基礎になっていると言える。

理由として、まず、平成29年告示学習指導要領解説では次のように書かれています。（p.20）

指導に当たっては、〔思考力、判断力、表現力等〕の「C読むこと」だけでなく、〔知識及び技能〕の他の指導事項や〔思考力、判断力、表現力等〕の「A話すこと・聞くこと」、「B書くこと」の指導事項とも適切に関連付けて指導することが重要であるため、今回の改訂では、「知識及び技能」として整理し、ここに示している。

実は、音読は前回の学習指導要領では、「読むこと」の中に指導事項として位置づけられていました。このことも踏まえて私なりに考えると、平成29年告示学習指導要領解説では、音読は「読むこと」だけでなく他の指導事項や他領域とも関わり、より基礎的で広範囲な力として位置づけがされているると言えるでしょう。

次に、音読が読解力や学力全体とも大きく関わっていることについてです。

このことは、心理学の研究結果から明らかになっています。例えば髙橋（2013）では、読解能力の習得過程に欠かせないことを示唆しています。犬塚美輪（2012）でも同様のことが言われています。また、荻布・川崎（2016）では、音読（スラスラ読み上げる力）と学力とは相関関係にあるということをデータから導き出しました。また、学力が低い層の方がその傾向はより強いということも明らかにしました。「スラスラ読み上げる」という意味での音読する力は、学力全体と大きく関わり、学力が低い子達ほど、音読する力も低いことが分かったのです。

簡単にいえば、音読は読解力だけでなく他の学力とも相関する、非常に重要な力だということです。また、３年生への指導、という観点でいえば、次のことも興味深いです。田中敏（1989）によれば、読み手の年齢や習熟度との関連から整理すると、年齢が低く読む力が未熟なほど、黙読よりも音読の方が理解を促進する傾向が強いことは明らかになっているようです。合わせて、高橋（1988）によれば、小学校４年生ごろからは黙読の方が読むスピードが上回ると言われています。これらから、いかに３年生においても音読指導が重要かがお分かりいただけると思います。

子ども達は、就学以前から言葉を耳から聞いて理解してきています。小学校に入ると、文字を学習し、それを読んで理解することになります。しかし、年齢が低ければ低いほど、黙読よりも声に出して読みそれを耳から聞ける音読の方が理解がしやすいのです。また、小学校４年生ごろまでは、黙読よりも音読の方が読むスピードも速いのです。ということは、3年生においてもまだまだ音読にはかなり力点を置いて指導をした方がよいということです。

クラスの中には、学力が低く、市販テストを自分で受けられない子がいるものです。公立の小学校には必ず一人や二人はいるのではないでしょうか。市販テストの問題を読めず、どう答えたらよいか分からない子です。放っておくと何もできないので、テストの問題を読んであげると、ようやく少しやり始めます。私の経験からいえば、そういう子も音読ができるようになると、テストを一人でできるようになります。自分で問題文を小さな声で読み、それを聞いて理解し、問題に答えるようになるのです。そのように成長した子は、初めてテストを自分一人で終え、非常にいい表情をしていました。

音読指導は、読む力だけでなく、学力全体にも大きな影響を与える、と心して、とにかく全員が「スラスラ」読めるように指導する、ということを強く意識しましょう。

(2) 音読の三原則

『1年生国語』や『2年生国語』でも示しましたが、子ども達に求める音読は次の三つを満たしたものです。この三つを「音読の三原則」と呼びます。

- ハキハキ
- スラスラ
- 正しく

まず「ハキハキ」とは、ゴニョゴニョと不明瞭に小さい声で読むのではなく、一音一音をはっきりとしっかりした声で読むことです。音読の意義の一つが、声に出して読み上げることで、自分の声を自分で聞き、理解を確かめたり深めたりするということです。ゴニョゴニョと不明瞭に小さな声で読んでいては、これらの効果が半減してしまいます。そのため、「ハキハキ」は非常に重要です。

他の二つの「スラスラ」「正しく」を先に意識させると子どもの声はやや不明瞭に、小さくなっていきがちです。ですから、まずは「ハキハキ」を意識させることが重要です。「ハキハキ」と読めたうえでの「スラスラ」であり、「正しく」です。

「ハキハキ」に関して一点注意が必要なのは、決して「大きな声」ではないということです。声の大きさは子どもによって違います。全員に求めるのは「大きな声」ではなく、「ハキハキ」と明確に発音するということなのです。とはいえ3年生はエネルギーに溢れているので、元気いっぱい読ませていく、くらいの気持ちでいてもよいでしょう。本当に子ども達がその気になれば教室はおろか廊下中に響き渡る読み声が聞かれるでしょう。

次に「スラスラ」とは、つっかえることなく流暢に読み上げることです。これは、既に述べてきたように音読指導の中心的なねらいとなる力です。「スラスラ読み上げる力」は読解力だけでなく学力全体にも相関するからです。しかし、あまり現場では意識して指導されていないように感じます。というのも、他クラスの音読を聞くと非常にゆっくり読ませている先生が多いからです。

一度子ども達に音読させて、一分間に何文字読めたか数えてみるとよいです。3年生では、しっかり指導すれば、一分間に三〇〇～四〇〇字くらいは全員読めるようになります。もし二〇〇～二五〇字くらいであれば、もう少し速く読ませた方がいいと思います。子ども達に音読力を保障していく、と考えたとき、この「スラスラ」を全員に保障することだと捉えるとよいでしょう。

ただし、これは先に述べたように「ハキハキ」があっての「スラスラ」だということを忘れてはいけません。いくら教師が「スラスラ」をより意識的に指導すべきだからといって、それだけを子ども達に指導していると、子どもはゴニョゴニョと不明瞭に読むようになります。とにかくスピードだけを追い求めてしまうからです。そうではなくて、「ハキハキ」と明確に発音しつつ、それをキープしたうえでの「スラスラ」だということを子ども達に意識させましょう。

最後に「正しく」とは、書いてある文章を間違えることなく音読することです。

いくら「ハキハキ」と「スラスラ」と読めても、読み間違えては意味がありません。一つ一つの言葉を正しく読むように指導していくべきです。そのためには、一つ一つの言葉を正しく認識する必要があります。漢字の読み方が分からなければ正しく音読しようがありません。多くのひらがなで書かれた文を読むときは、副詞や助詞なども知らなければ読み間違えてしまいます。「正しく」読み上げようとすることで、一つ一つの語句を正しく認識することにつながっていきます。語彙を増やすことが学習指導要領でも訴えられていますが、その一歩は語句を正しく認識し、読めることだと思います。そういった意味で、音読指導は語彙指導の第一歩とも言えそうです。

「正しく」読むことは、語句を読み上げることだけで意識させるのではありません。私は「区切り」

に関しても正しく読ませることを意識しています。区切りに関しては、特に読点を意識させています。何も指導せずに子ども達に音読させると、必ず思い思いの場所で区切るようになります。意図があって区切るのであればいいのですが、子ども達の様子を見ているとそうではなく、何となく区切っていることがほとんどです。そのように読ませていては、「正しく」とは言えません。子ども達も、一人一人が違うように読むので、何が「正しい」音読なのかが分からなくなっていきます。

句点はまだしも、読点には厳密なルールはありませんが、読点は著者や作者が打ったものですから、私は尊重すべきだと考えています。杉澤陽太郎（2000）でも同様のことが述べられています。ですから、句読点で句切るのを基本形として位置づけて読ませていくようにしています。その方がクラスの子ども達も分かりやすい基準ができ、子ども達は意欲的に取り組みます。自分がうまく読めたか、そうでなかったかが分かるようになるからです。

区切りに加え、高低も重要な「正しさ」の一つです。日本語は「強弱」の言語ではなく「高低」の言語であると言われます。「高低」を使い分けることで意味を使い分けているのです。例えば「はし」という言葉を「高・低」で読むと「箸」になりますが、「低・高」で読むと「橋（端）」になります。文単位でいえば、基本的に文頭が「高」で文末が「低」で読んでいくのが正しいと言えます。このように、「高低」を正しく読ませることも日本語の音読において非常に重要です。

(3) 音読指導で重要なのは「具体化」と「共有」

音読指導で難しいのが、「このように読んでほしい」という教師の理想はあっても、それが非常に抽象的かつ音声言語のため消えていってしまうということです。

そのため、子ども達に指導したことが根づきにくいのです。3年生という下学年であればそれはなおさらです。一度や二度伝えただけでは忘れてしまいます。だから、なかなか子ども達の音読が変わっていかないのです。子ども達の声や音読への姿勢が変わってこないから、教師も「まぁ他にたくさんやらなくてはいけないことがあるから、いいか」と半ば正当化してしまうのです。

音読指導で重要なのは「具体化」と「共有」です。

まずは、教師が「このように読んでほしい」という理想像を具体的にします。

ここで注意が必要なのは、あまりにも細かくしすぎない、ということです。だからこそ、私は音読の三原則は、「ハキハキ」「スラスラ」「正しく」だと子ども達に伝えるわけです。三つなら3年生でも、全員が覚えられます。重要なのは、その三原則を子ども達の声で「具体化」していくことです。

例えば、年度はじめに「ハキハキ読みましょう。」と伝えて読ませても、クラスの半分もハキハキ読めればよい方で、多くはボソボソ小さな声で読みます。こんなときに、「すべてよし」と評価していては、「あぁ、あれくらいの声でいいんだ」と子どもは思ってしまいます。ボソボソと手を抜いた音読にはきっぱりと「ダメです。」と評価します。厳しく個別評価します。そうして「次の子、どうぞ。」とどんどん次に回してしまいます。クラス全体で何周か読ませると、最後には最初とは見違えるほどしっかり声を出して読むようになっていきます。その声をもって、「ハキハキとはそれくらいしっかり声を張ることだよ。」と伝えるのです。子どもに読ませて、個別に評価をしていきながら、「これくらい声を張って読むことがハキハキ読むということなんだ」ということを体験的に学ばせていくのです。

つまり、個別評価をしつつ、子ども自身の声で音読の理想像を「具体化」していくということです。そうして一人一人の中で音読の理想像が「具体化」されていくと、それが学級の基準になっていきます。これが「共有」です。ここまでくれば、そう読むのが子ども達にとっての当たり前になります。

例えば、句読点でのみ句切って読むのが「正しい」と「共有」されていれば、誰かが音読をしていて違うところで句切ったとき、「今のところ、『点』ないよ！」という指摘が飛んでくるのが「当たり前」になります。この「当たり前」を目指していくのです。「すべてよし」としているときとは、子ども達の音読への姿勢が違います。一回一回の音読に程よい緊張感が漂うようになります。

正しい音読、目指すべき音読を一人一人の中で「具体化」し、それをクラス全体で「共有」していくことで、子ども達の音読に対する姿勢や声は大きく変化していくのです。

(4) 教師が一人一人の音読を聞き評価すること、個別指導をすること

音読指導は、教師が子ども達一人一人の音読を聞くところから始まります。一人一人の音読を聞いて、初めてその子の音読する力が分かるからです。一人一人の音読を聞いたうえで、個別に評価をしていくことが、子ども達の音読力を伸ばしていくうえでこの上なく重要です。

一斉に音読させてそれを聞いて「声が出てきたね。」などと評価しても一人一人の音読力を上げることにはつながりません。むしろ、ほとんど読めていないにもかかわらずクラス全体に埋もれていて、発見されるのが遅れるかもしれません。子ども達一人一人の音読力を保障するには、個別評価、個別

話すこと・聞くこと
書くこと
読むこと
ことば〔知識・技能〕

指導が命なのです。

しかし、現在の学校現場ではそれが疎かにされています。現在の音読指導は、音読カードを渡して、家で宿題として読ませ、学校での「読むこと」の授業では数名が読んで終わり、というのが実情だと思います。音読カードを渡して宿題任せでは、読解力や学力全体にも影響を及ぼす音読の力を、全員に保障することなどできません。家庭の教育力任せになってしまいます。現在、学校で子ども達の一人一人に音読の指導はほとんどされていません。「読むこと」の授業ではせいぜい数名が音読して、すぐに読解に入ってしまいます。もしかしたら、○読みで全員に読ませることもあるかもしれませんが、一文だけでは子どものことを掴みきれないこともあります。

このような、子ども達がスラスラ音読することすらできるかどうか分からない状況のまま読解の授業など行っても、元々学習の得意な子だけが活躍するのは当たり前のことです。

逆に、一人一人の音読をきちんと聞き、個別評価、個別指導をして全員が音読をスラスラできるようになったうえで読解の授業を行うと、出てくる意見も自然と深く、そして多くの子から出されます。とにかく個別評価と個別指導を徹底していきましょう。具体的活動等は資料編172－176ページに示します。さらに音読指導について詳しく知りたい方は拙著『音読指導法』をご覧ください。

2 文学的文章の指導―叙述をもとにしながら「つなげて」読む―

文学の授業において最も大切なことは、「文学を楽しむこと」です。これは、比較的達成が容易です。なぜなら文学には元々面白さがあるからです。子ども達は元来文学（物語）が好きです。例えば3年生の教材「モチモチの木」など、読み聞かせただけでニコニコした表情で楽しみます。文学指導の根本は、子ども達が「文学を楽しむこと」にあります。ただし、注意点が二つあります。

一つは、叙述をもとにするということです。

文学を楽しむには、一人一人が想像を広げたり、一人一人がどう読んだかを語り合ったりすることになります。その際重要なことは叙述をもとにする、ということです。これが欠けると、子ども達は空想を語り合うことになります。それでは「言葉の力」はつきません。

読むことの授業ですから、書かれている言葉を拠り所として、そこから考えられることを共有していかなくてはいけません。想像させたり、自分の考えを話させたりする際も、必ず叙述をもとにする、という意識を子どもが持てるような指導を繰り返していく必要があります。叙述をもとにする、ということを外さずに、そのうえで子ども達が思いきり文学を楽しめるような指導をしていきましょう。

二つめは、先述のように、「関係性」を読む、「つなげて」読むということです。

場面ごとに登場人物の心情を読み取るだけでなく、それらをつなげていくことで、人物の変化や成長を読み取ることができます。中心人物の変化や成長は、そっくりそのまま物語全体を貫くテーマになっていたり、深く関わっていたりすることが多いので、それらを読み取れるということは、物語の全体像を読み取れるということになるのです。

例えば「モチモチの木」でいえば、最初の場面でおくびょうだった豆太が、じさまがピンチのときには夜道を一人で駆けるほど勇気を出します。その場面その場面で豆太の心情を読み取るだけでなく、その一つ一つの読みをつなげて、物語全体を通しての豆太の変化を読み取ることで、物語の全体像を掴むことができ、それがやがて高学年で物語のテーマ（主題）を読み取ることにつながるのです。こうした「つながり」を読むことは、文学を読むうえで非常に重要な読み方とされています。先述のように学習指導要領でももちろん言及されていますし、井上尚美（2005）等でも「関係認識」の力として、文学的文章読解力の中枢に位置づけられています。

文学を読むとは、叙述と叙述との関係性を見出し、自分なりの文脈をつくりあげることとも言えます。そうした、自分なりの読みができるか否かは中学年での指導にかかっているといっても過言ではないでしょう。関係性を読めるように指導していくことを念頭に置くようにしましょう。

①「きつつきの商売」の指導

〇単元の流れ　（ ）内は主な発問

①学習の見通しを持つ。全文を読み感想を交流する。
②様々な方法で音読練習をする。
③人・時・場所を確認し、「物語の設定」という言葉を確かめる。（主人公はきつつきではなくてにわとりでもいいよね？）
④1場面と2場面とを比較する。（野うさぎと野ねずみのレビューを書いてみよう。）

⑤もし3場面があればどんな音か想像する。（1場面タイプかな？　それとも2場面タイプかな？）
⑥⑦3場面を考えて書く。
⑧⑨友達と自分がつくった3場面を音読し合い、感想を伝え合う。

○単元のねらい

・スラスラと、内容の大体や文章の構成を考えながら音読することができる。
・登場人物の心情を、叙述をもとにしながら捉えることができる。
・物語の設定という言葉、及びその重要性を理解することができる。
・自分の読みをもとにして物語の続きを考えることができる。

3年生最初の文学的文章教材（光村図書の場合「きつつきの商売」）では、次の二点を意識して指導しましょう。

・音読指導に力を入れ、子ども達が意欲的に取り組めるようにすること。
・叙述をもとにしながら、物語の世界を存分に楽しむこと。

まずは、読解の基礎ともなる音読をしっかり指導することを念頭に置きましょう。音読であれば、ほとんど全員の子が、その気になりさえすればしっかり取り組めるはずです。だからこそ、学年のはじめに取り組み、全員に達成感を持たせ、「今年は国語の勉強を頑張れそうだ」という期待を持たせるのです。ですから、音読を毎時間たっぷり行うようにしましょう。個別評価を毎回行い、「前回より上手だよ。」「昨日より声が出ているね。」などと前向きな評価をしていくようにしましょう。

また、叙述をもとにさせながら物語の世界を存分に楽しませることを意識します。物語を読むって楽しい、物語のことを友達と話し合うのって楽しい、と子ども達に実感してもらうことが重要です。「楽しませる」というと、子ども達に自由に語らせるという印象を持つ方もいらっしゃいます。ここで重要なのは、あくまでも叙述にもとづいて話させることであり、空想を語らせないようにするということです。空想を語らせてしまうと、言葉の力をつける授業ではなくなってしまい、その「面白さ」も知的な面の欠けた「面白おかしい」授業になってしまうからです。叙述をもとに語らせるということは、書かれている言葉をもとに話し合うことであり、それこそが、国語の読みの授業を、言葉の力を育てる時間と保障するものです。ですから、考えを言わせるときは必ず、「〇〇だと思います。なぜなら××と書いてあって〜」と文章中から根拠を示すようにさせるのです。

さらに、根拠を示させるだけでなく、理由づけも語らせることを意識しましょう。理由付けとは、「〇〇だと思います。なぜなら××と書いてあって、これは〜〜ということだからです。」という文であれば、「〜〜」のところに当たる部分です。〇〇は主張、××は根拠ということになります。理由付けは、根拠がなぜ主張を裏づけるのかを説明するものであり、いわば主張と根拠とをつなぐものです。先に述べた根拠を示させるのは、今や国語授業においては「常識」となりつつあります。このことは、根拠を示させない授業に比べれば、よほど優れています。しかし、散見されるのが「〇〇だと思います。なぜなら××と書いてあるからです。」と、根拠を示しただけで理由づけをさせない授業です。

もちろん，根拠を示しただけで十分通じるときもあります。しかし，そうでないことも多く，何より理由づけにこそ子ども達なりの考えが表れること，理由づけをきっちりすることで論理的思考力も伸びることなどを踏まえると，理由づけの指導は欠かせません。具体的には，子ども達が「○○だと思います。なぜなら××と書いてあるからです。」と言ったときに，それでよしとせず「書いてあるから，何なのですか。」と尋ね返すことです。はじめは戸惑う子もいますが，それを地道に繰り返していきつつ，「なるほど，○○さんは理由をしっかり話せましたね。みんなに話すときはそうやって理由まで丁寧に話すのですよ。」などと価値づけていくことで，定着していきます。

このように，叙述をもとに，理由まで話させるということを教師がしっかり意識していさえすれば，授業が空想の世界に入り込むことはなくなります。子ども達は，叙述をもとにしっかり考えるようになります。例えば，「きつつきの商売」では，1場面と2場面とを比較させるために，野うさぎと野ねずみのレビューを想像して書きます。この際，叙述をもとにさせれば，「野ねずみは星五つだと思います。なぜなら『ずうっとずうっと』と書いてあって，すごく長く聞いていたということだから，それだけ満足していると思うからです。」などと，野ねずみの様子を文章中の言葉から楽しく想像して話し合うことになります。

このように，音読を中心に据えること，叙述をもとにしながら物語の世界を楽しませることを第一教材では重要視しましょう。

○第一時　初読と感想の交流、学習の見通しを持つ

一時間目は初読をする前に、「きつつき」について知っていることなどを出し合うとよいでしょう。きつつきが商売をするとはどういうことか、など想像させてから読むと、物語の内容に興味を持ちながら掴むことができます。

初発の感想の交流では、1場面と2場面とで音の種類が違うことやそれらを比較しているような意見を取り上げるとよいでしょう。そうすると次の展開につなげやすく、今後の学習の見通しも、これから二つの場面を比較して読んでいくんだな、と子どもも掴みやすくなります。また、初発の感想を書かせると子ども達の意見が長くなり、交流して焦点化していくところまでたどりつかないこともあります。そこで、初発の感想を、初発のあらすじに代えるという手もあります。私はよく初読の前に「これから読んだ作品を一文でまとめてもらいます。○○が××して△△になったお話という形にまとめてみてくださいね。」と言っていきなりあらすじを書かせることがあります。一読で物語の内容の大体を捉えるのは重要なことですし、一人一人が書くものが一文でそれぞれの読みのズレもよく分かりやすくなるのでおススメです。

二つの場面を比較すること、音読をたくさんしていくことを子ども達に学習の見通しとして持たせて一時間目は終わります。

○第二時　音読練習

音読に、特に指導時間を割くのがこの二時間目です。この時間には○読みを行い、個別評価します。

まだまだ読み慣れていないので、多くの子はしっかり読めませんが、厳しめに評価します。三原則の音読をきっちり指導し、「これくらい声をしっかり出さなくてはいけないんだ」「『、』や『。』まで一息で読むんだ」などということを子ども達の声で具体化し共有していきます。

○第三時　設定の確認「主人公はきつつきではなくてにわとりでもいいよね？」

まずは音読からです。前時に指導したことを覚えているか、家でしっかり練習しているかどうかを一人一人に読ませて読み声を聞くことで確認していきます。前時からの成長をしっかり見取り、「昨日より上手！」「しっかり声が出ているね。びっくりした。」などフィードバックしていきます。

本時は、設定を確認する時間です。私は、文学の授業ではどの学年でも単元序盤に設定を確認する時間をつくっています。物語の設定は、基本的には「人・時・場」です。これらの要素は物語が進んでいくうえでの基盤になります。これをしっかり押さえられていないと、思わぬ読み違いや勘違いなどが生じやすくなるため、必ず押さえます。私は1年生から「物語の設定」という言葉を指導します。もちろん、3年生の子ども達にも「物語の設定」という用語とその重要性を指導していきます。

また、3年生ですから、物語の設定という概念を指導するだけでなくその重要性にも気づかせたいところです。ここでは、まず一通り人・時・場を確認していきます。登場人物を確認する際、「きつつきの商売」には動物しか出てきませんが、人間のように話したり考えたりする動物は登場人物として捉えることを指導すると子ども達の混乱を招かず、よいでしょう。

一通り確認し終えた後、次のようにゆさぶり発問をします。

「このお話って、きつつきという鳥が主人公だけれど、にわとりでもいいよね？」

すると子ども達は、口々に反論してきます。「にわとりでは『こーん』って音が出せない。」「きつつきだから音をつくれる。」などなど、それはもうすごい勢いで反論してきます。きつつきではなくてにわとりではこのお話は成り立たない、と子ども達は気づき、設定の重要性を改めて理解します。

○第四時　１場面と２場面とを比較する

本時も音読から入ります。その後、本時では場面同士を比較します。先述のように、３年生では「関係性」を読めることが大切です。その最も分かりやすいのが比較するということです。場面を単独で読んでいるうちはまだまだ関係づけることはできていません。しかし、「１場面ではこうだけど２場面はこう」と比較して読めれば、それは立派な「関係性を読めている」ということです。

１場面と２場面とを表などで整理しながら比較していく方法もよいでしょう。私は、より刺激的に「みんな、お客さんが商品に対して書くレビューって知っている？」と子ども達に投げかけ、実例をいくつか見せた後、「今回お客さんは二種類いるよね。そう、野うさぎと野ねずみ。どんなレビューを書いたかな。星はいくつかな。考えてみよう。」と言ってそれぞれのレビューを書かせます。

いずれの方法にせよ、ここで押さえておきたいのは「音の種類が違うこと」「前者がつくりだした音、後者が自然に溢れる音」「前者よりも後者の方がお客の満足度が高そうなこと」などです。

○第五時　３場面があるとしたらどんな音か想像する

本時も音読指導から入り、その後メインの話題に入ります。物語は2場面までで終わりですが、もし3場面があるとしたらきつつきはどんな音を売るのか、子ども達に楽しく想像させます。続き話を考えることで、自然と前時までの学習、読み取りを生かすということです。単に「どんな音をどんな相手に売るかな」と想像させてもよいと思いますが、もう少し話を焦点化して、「1場面のような自然の音？　それとも2場面のような自然の音？」と尋ねて考えさせると面白いです。

子ども達は、「2場面のような自然の音です。季節によっても違うのでいろいろな音を想像できます。」「1場面のような音です。たぶんきつつきは自然の音のよさにも気づいて、その後自分でつくる音もさらによくしようとすると思うからです。」など、文脈を生かしつつ自由な発想の発言をします。こうした続き話を考える活動は、『教育科学国語教育』二〇一七年四月号の拙稿「アクティブ・ラーニングを支える今月の学習課題と授業づくり」にて詳細を紹介しています。ご参照ください。（この原稿以降の教科書改訂で、なんと「学習の手引き」にも続き話を考える活動が採用されました。）

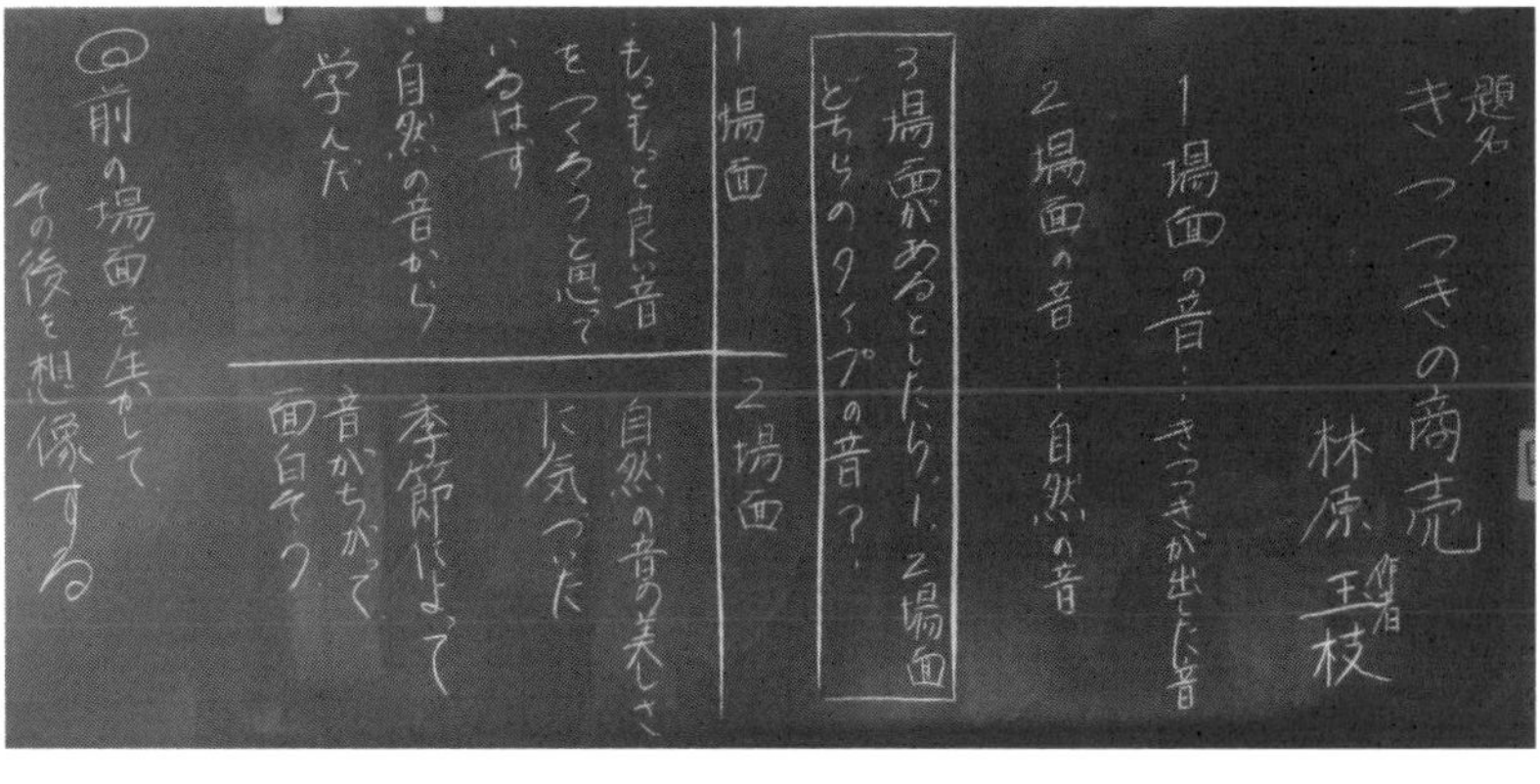

○第六〜九時　続き話を考えて交流する

実際に物語をつくります。子ども達の実態に応じて、すべて文章で書くのが厳しければ、表などで「どんな音」「どんな相手」「起こる出来事」など要素だけを表に書くなどでも十分です。それを友達と交流することで、子ども達は物語の世界を存分に楽しむことができるはずです。

短くてもよいので文章で書けた場合は、継続してきた音読の成果を発揮し、音読で友達に読み聞かせて交流するとよいでしょう。1人1台端末を活用できる場合は、ここで活用していきます。

２「まいごのかぎ」の指導

○単元の流れ　（　）内は主な発問

①初読してあらすじを書いて交流する。今後の学習の見通しを持つ。

②物語の設定を確かめる。場面を分ける。（物語の設定って覚えているかな。）（いくつの場面に分けられるかな。）

③④りいこの変化を読み取る。（りいこが変わったところはいくつある？）（りいこが変わったきっかけは？）

⑤⑥感想を書いて交流し、さらに交流の感想を書く。（友達の感想を読んで気づいたことを書こう。）

○単元のねらい

・スラスラと、内容の大体や文章の構成を考えながら音読することができる。
・登場人物の気持ちの変化を読み取り、自分の言葉で説明することができる。
・叙述をもとに登場人物の行動や気持ちなどについて捉えることができる。
・同じ文章を読んでも人によって感じ方が違うことを理解し、その違いを楽しむことができる。

第二教材「まいごのかぎ」では、登場人物の変化を読み取ることが重要となります。この「人物の変化」は、指導要領でも「C読むこと」「エ　第3学年及び第4学年」に明記されており、中学年の中心的な指導事項の一つです。また、再三述べてきているように3年生で重要視したい「関係性を読む」力に他なりません。人物の変化を読み取るには、部分的な人物の気持ちなどを読み取るだけでなく、物語の最初の人物の様子と最後の人物の様子を比較しなければならないからです。

さて、ここではこの「人物の変化」についてもう一歩踏み込んで考えてみましょう。それは、なぜ人物の変化が物語の読み取りにおいて重要なのか、ということです。結論からいうと、それが物語のテーマ（主題）に大きく関わるからです。多くの物語は登場人物（中心人物）の言動や心情の描写を通して描かれます。それらが全く変化しない物語というのはほとんど存在しません。対象人物からの影響、事件などにより変化したり成長したりします。それを通して、作者は意識的あるいは無意識的にメッセージやテーマを訴えかけています。

例えば、「お手紙」では、お手紙をもらったことがなくて悲しい気持ちだったがまくんが、かえるくんから初めてお手紙をもらって幸せな気持ちになります。その変化を通して、読者は友情の素晴らしさや相手を気遣う心の美しさといったテーマを感じ取ることができます。

このように、中心人物の変化を読み取ることは、物語全体を読み取ることや中心的なテーマを読み取ることにもつながるので重要なのです。中学年では、場面ごとの気持ちの読み取りだけでなく、それらを概観してどのように変化したのかを考えさせていく活動を少しずつ取り入れていきます。

○第一時　初読の交流

先述のように、私は初読であらすじを書かせます。短くまとめさせるので交流もしやすく、一人一人の読みの違いも出やすくなります。

あらすじは、「○○が××して△△になったお話」という型で書かせます。この型を見てお気づきになる方もいらっしゃると思いますが、先ほどから述べている中心人物の変化を表せるという点を強く意識した型になっています。この時間で、子ども達からは「りいこは元気になった」とか「りいこが明るくなった」といった変化に関する意見が出てきます。それを取り上げつつ、「りいこがどのように変化したかこれからさらに詳しく読んでいきましょう。」と今後の学習の見通しを持たせます。

○第二時　物語の設定を確かめる、場面を分ける

次に、設定を確かめます。まずは「物語の設定って何だったかな。一つでも覚えている人？」と尋ねるなど、設定という用語の復習から入りましょう。（忘れている子が多ければ再度指導します。）その後、「人」「時」「場」を叙述をもとに確認していきます。

「人」はりいこです。中には、歩いたりねそべったりしているのでベンチも人物ではないかと考える子もいますが、そういうときはすぐに否定せず「みんなはどう思う？」と尋ねてみましょう。「話したり、考えたりしているわけではないから人物とは言えないと思う。」などと言ってくれる子が必ずいます。万が一出てこなければ、教師が教えてあげればよいだけです。その後「みんな、この前あらすじを書いてもらったらほとんどの人が『りいこが〜』って書いていました。それだけりいこが重要だっていうことだよね。りいこがどう変わったかを考えていこうという話になっていました。このように、とても重要で、一番変化する人物を中心人物と言います。」と中心人物について指導します。

「時」は、単に「夏」「夕方」などと確認していくのではなく、「ぱりっとしたシャツのような夏の風」「学校帰り」「夕日にそまりだした」などの表現を丁寧に拾わせながら確認していきましょう。子ども達から「夏」「夕方」などと意見が出たときに、「どの言葉からそう考えたの？」と問い返すと、これらの叙述が出されていくでしょう。その後、「ただの夏の風と、ぱりっとしたシャツのような夏の風ってどう違う？」などと尋ねて考えさせていくとよいです。こうした表現もこの作品の特長の一つです。ぜひ味わわせたいところです。

「場」は、場面分けと絡めて確認していくことが重要です。「大きく分けていくつの場所が出てくるかな。」と尋ねて数えさせるのが王道ですが、細かく数えてしまう子も出てきて収束していかないことも多くあります。そこで、「この物語は大きく分けて五つの場所が出てくるんだけれど、分かる？」と尋ねると、子ども達は嬉々として数えます。これなら誰でも取り組めます。このように、収束しなければいけないとき、正解があるときには、あらかじめ教師が個数などを示して、その枠の中で考えさせることも必要です。場所を五つ確認した後、「場所が変わると話も少し変わりますね。これを場面と言いますよ。」と復習を兼ねて指導しておきます。

○第三・四時　りいこの変化を読み取る　「りいこが変わったところはいくつある?」「りいこが変わったきっかけは?」

本時では、中心人物であるりいこの変化を読み取ります。といっても、抽象化して一言で表現させるのはなかなか難しいですし、「暗かったのが明るくなった。」など陳腐な表現になってしまいがちです。このような表現をさせただけで、「読めた」「分かった」と子ども達に思わせてしまうのは、もったいないことですし、考えを止めてしまうことにもつながります。

そこで、まずりいこの変化を数えさせてみます。具体的に、細かく一つ一つの変化を数えさせるのです。こうした発問の方が、「りいこはどう変わったかな。」などという漠然とした発問よりも、子ども達はやるべきことが明確なので、多くの子が取り組めます。

子ども達からは、「しょんぼりしていたのが、うれしい気持ちになった。」「うさぎがどこにもいなくなった気がしたのに、また見えるようになった。」「不思議な出来事をおかしいことだと思っていたけれど、最後には信じて楽しそうだと思った。」などが出されます。これらの具体を挙げさせつつ、子ども達と一緒にりいこの変化もまとめていくとよいでしょう。「りいこは、この後図工の時間があったらうさぎを登場させると思う?」と聞くと、りいこの気持ちの変化にも気づかせることができます。

また、りいこが変わったきっかけについても考えていきます。変化を子ども達と一緒にまとめた後、そのきっかけとなったものに焦点を当てていきます。「りいこが変わったのは何のおかげだろう?」と尋ねると、子ども達は「バス」「ベンチ」などと口にします。特に「バス」と言う子が多いでしょう。バスの場面でりいこの気持ちが大きく変わっているからです。そうしたら、「じゃあ、その前までの場面はなくてもいいのかな。」とゆさぶります。すると「さくらの木もどんぐりも、ベンチも、あじだってと書いてあって、全部がつながっている。」などという発言が出てきます。つまり、すべての不思議な出来事がりいこの変化に関わっており、それらの出来事を捉え直したこと自体が大きな変化でもあるのです。さらに「その不思議な出来事は何がきっかけで起こったっけ?」とみんなで考えていくと、「かぎを見つけたところからだ!」「題名も『まいごのかぎ』だよ!」「かぎは不思議な世界の入り口だったね。」と題名にもあるかぎの重要性に気づかせることができます。話し合いでそれが出てきたら、「なぜこのかぎは落ちていたのかね。」とか「りいこ以外にも見えたのかな。」などと発問して、考えさせると、より物語の中核に迫ることができるでしょう。

　このように、具体的なことを出させつつ、それらを抽象的にまとめていく、という思考を子ども達と一緒にしていくことで、物語をしっかり

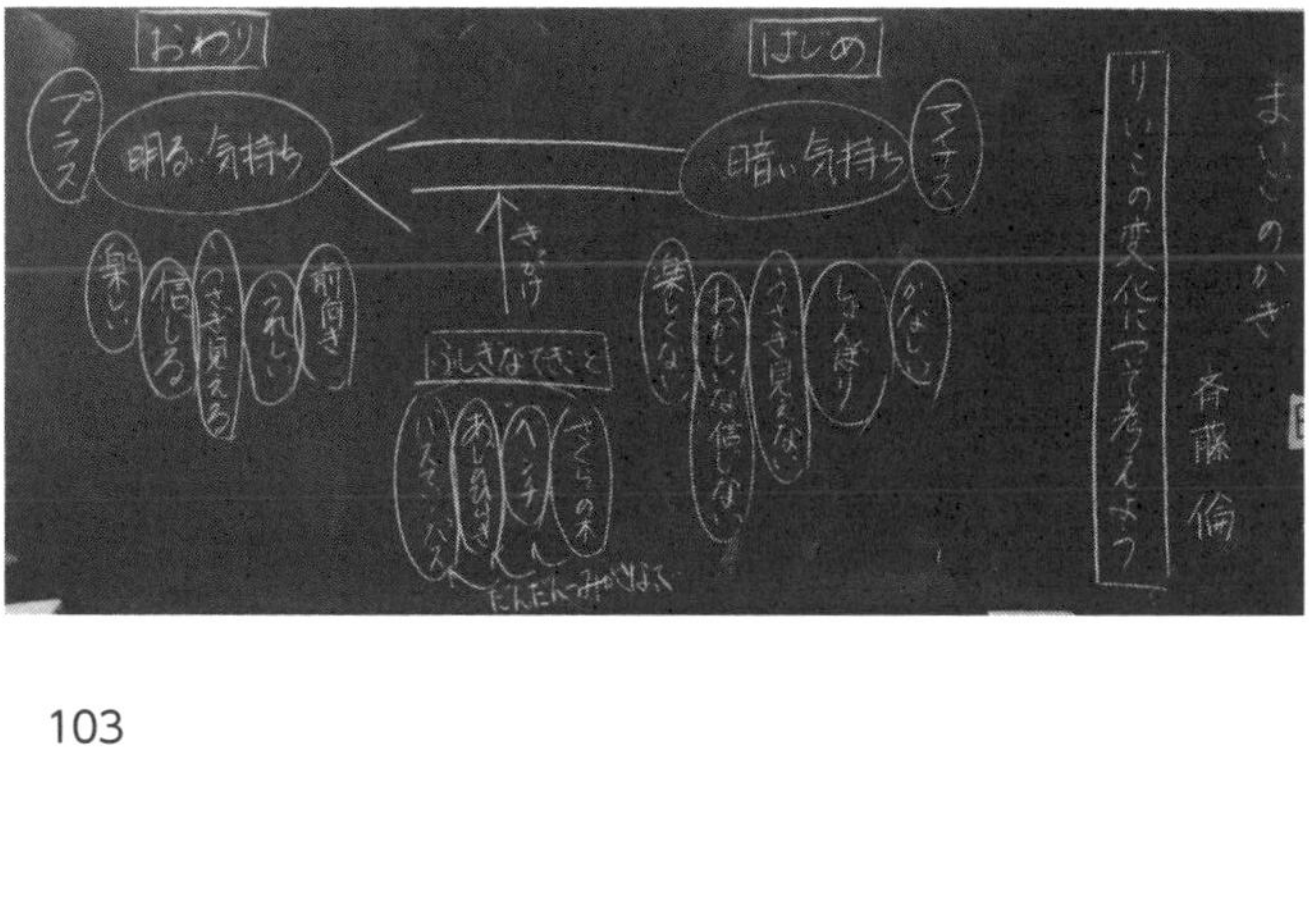

と捉えることができます。

〇第五・六時　感想を書き交流する

感想は自分が一番面白い、いいなと思ったことを中心に書かせます。「一番」を考えさせることで、その子らしさが出るからです。感想を書いた後はそれを子ども達同士で読み合い、「感想を交流した感想」を書かせるのもポイントです。ここで、同じ文章を読んでも人によって感じ方に違いがあることに気づかせることができます。「物語を友達と読むって面白いな」という思いにつながります。

③「ちいちゃんのかげおくり」の指導

〇単元の流れ　（　）内は主な発問

①学習の見通しを持つ。通読し、初発のあらすじを書き交流する。
②音読練習と言葉調べをする。
③物語の設定を確かめる。（設定を確かめよう。）（人物は重要だと思う順に書こう。）
④⑤ちいちゃんの心情を読み取る。（ちいちゃんが一番悲しかったところと一番楽しかったところは？）
⑥お父さんやお母さんの思いを考える。（かげおくりをしたかったのはお父さんなのか、それともお母さんなのか。）
⑦最後の場面の意義について考える。（最後の場面は必要かな。）

⑧作品全体について考えを持つ。（ちいちゃんが生き延びる作品とどちらがよい？）
⑨⑩自分の考えをまとめて書き、交流する。（自分が書きたいまとめを選ぼう。）

○単元のねらい

・スラスラと、内容の大体や文章の構成を考えながら音読することができる。
・登場人物の気持ちの変化を読み取り、自分の言葉で説明することができる。
・文章を読んで理解したことについて、感想や考えを持つことができる。

この教材で子ども達に掴ませたいのは、登場人物の気持ちと読者の気持ちがずれることがあるということです。低学年までに子ども達が読んできた物語では、そういうことはありませんでした。子ども達は基本的に中心人物に同化しながら、中心人物と同じ気持ちになって物語を読み進めてきました。

しかし、「ちいちゃんのかげおくり」では、違います。途中まではちいちゃんと同じように、楽しい思いや悲しい思いを読者もしていくことになりますが、４場面でちいちゃんの命が失われるところでは、ちいちゃんは家族に会えてきらきらわらいだします。ここで読者はちいちゃんとは同化してホッとする気持ちもありつつ、ちいちゃんが亡くなってしまって悲しい気持ちも味わうのです。つまり異化するわけです。

これこそが、この教材の特性であり、３年生の子ども達の発達段階的にも扱うべきだと私は思います。扱うといっても、「同化」だの「異化」だのを子ども達に分析させるわけではありません。「ちいちゃんはうれしそうでよかった、でも私は本当に悲しいな」と読者としての考え、思いを語らせるということです。そして、中心人物と読者とが違う思いになる、こういう作品もあるのだなと、ある意味経験させていくのです。そうすることで、文学の奥深さを感じさせたいと考えます。

○第一時　初発のあらすじの交流、学習の見通しを持つ

ここでも、初読の後、あらすじを書かせます。ちいちゃんが亡くなったということに言及する子が多くいる中、そうではないと考える子もいます。直接的に「ちいちゃんの命が失われた」とは書かれず「小さな女の子の命が、空にきえました。」と書かれているからです。ここを読み間違うと、今後の読みに大きく響いてしまいますので、子ども達に「みんなはどう思う？」と聞きながら、うまく読みを修正していくとよいでしょう。

○第二時　音読練習と言葉調べをする

この単元でも音読指導をしっかり行います。また、この教材は戦争を扱っており、子ども達にとって知らないことが多く書かれています。難しい言葉の意味を調べさせたり、時には教師が丁寧に教えたりしていきます。

○第三時　物語の設定を確かめる　「設定を確かめよう。」「人物は重要だと思う順に書こう。」

ここでも、物語の設定を確かめます。そろそろ子ども達に「設定」の概念及びその重要性が定着し

ているころかと思います。忘れている子がいれば再度指導しましょう。

さて、同じ「設定を確かめる」活動でも、少しずつ精度を高めていきましょう。ここでは、子ども達にノートに「人・時・場」を書かせるときに、「登場人物は、あなたが重要だと思う順に並べて書いてごらん。」と指示します。そうすると、全員が最初は「ちいちゃん」にしますが、その後は様々な順番が出てきます。「かげおくり」という題名にもある言葉に関連して考えて並べる子、ちいちゃんとの関わりが多い人物を並べる子などが出てきます。

「なぜその順番にしたの？」と尋ねることで、子ども達なりの考えを語り始めます。「この人がいないと物語が進まない。」などの発言が出てきます。つまり、人物を重要な順に並べるという活動を通して、子ども達は作品を俯瞰して考えるようになるのです。

○第四・五時　ちいちゃんの心情を読み取る　「ちいちゃんが一番悲しかったところと一番うれしかったところは？」

ここでは、ちいちゃんの心情を読み取りつつ、読者の心情とのズレに気づかせます。

ちいちゃんの気持ちの読み取りについて、全場面で気持ちを問おうとすると、子ども達も「また気持ち？」とダレてきます。ですので、「一番悲しいところ」と「一番うれしいところ」に焦点化します。そうすることで、自然と子ども達は場面同士を比べながら読み、深く考えます。一番悲しかったところには、「家がやけ落ちてなくなっていたところ」や「ぼうくうごうの中で一人でねむったところ」「死んでしまったところ」などが出されます。一方、一番うれしかったところは、「はじめのかげおくりのところ」と「後のかげおくりのところ」とが出されます。

この状態は、ちいちゃん目線のものと読者目線のものが混じって意見が出されています。この状態で話し合わせることで、子ども達は自然と、中心人物の気持ちと読者の気持ちとがずれていることに気づくことができるのです。例えば、一番悲しかったところを話し合うと、「絶対にちいちゃんが死んでしまったところです。なぜなら死ぬ以上に悲しいことはないからです。」とある子が発言したら、それに反応して「僕は、その場面はむしろちいちゃんはうれしい気持ちだと思います。だって、ちいちゃんからしたら家族に会えたからです。それよりも、一人で防空壕で寝たときの方が、本当に悲しかったし寂しかったと思います。」という意見が出てきます。反対に一番うれしかったところを話し合うと、「はじめのかげおくりのときの方が、本当にみんないるんだし、うれしいはずです。」と意見が出ると、「いや、後の方のかげおくりのときだって、ちいちゃんからしたら、会いたかった家族に会えたと思っているんだから、うれしいと思っているはずです。でも、私はそれは夢みたいなものだと知っているから、ここは一番悲しいとも思います。」などと意見が出されます。やがて、子ど

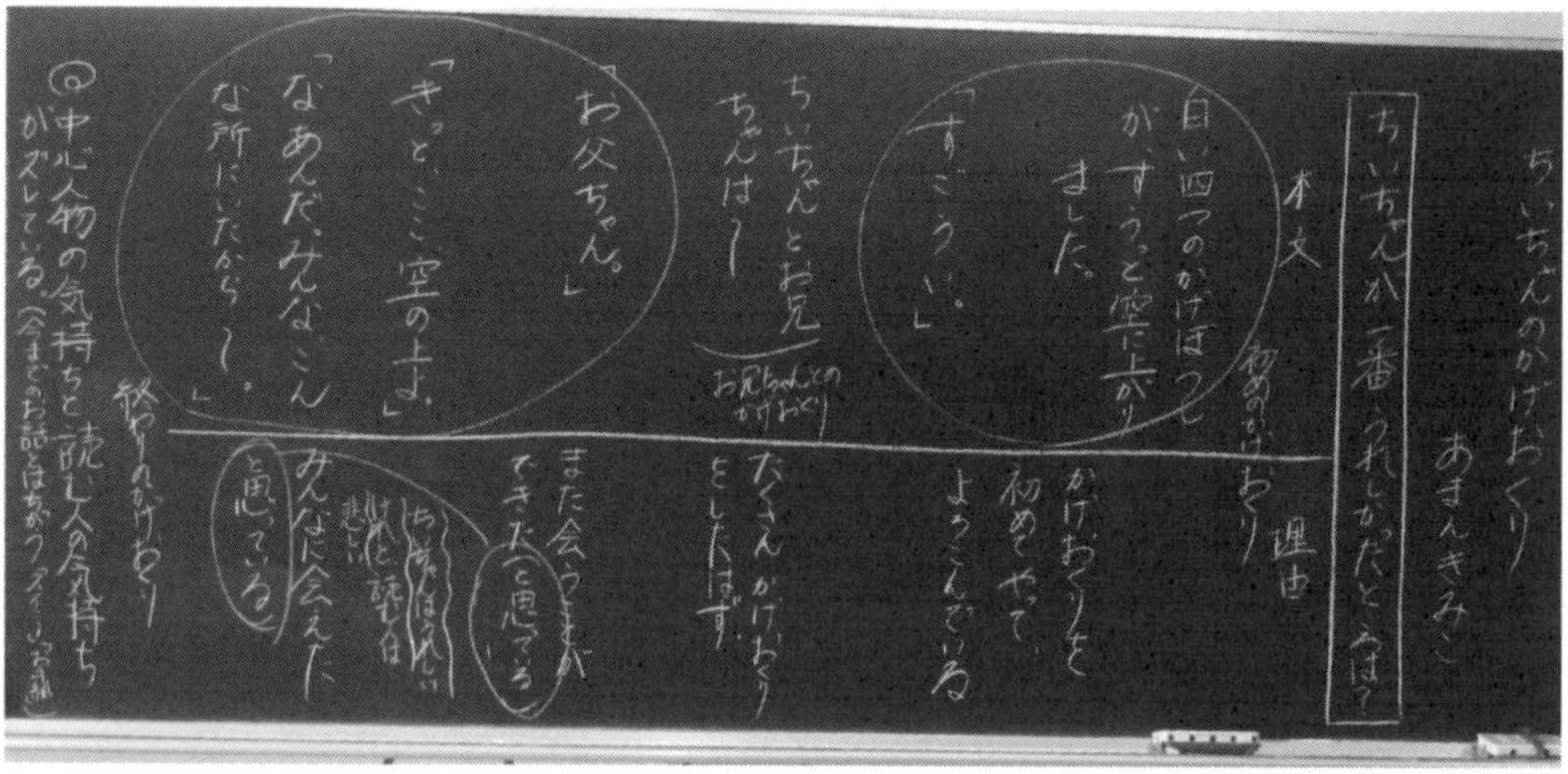

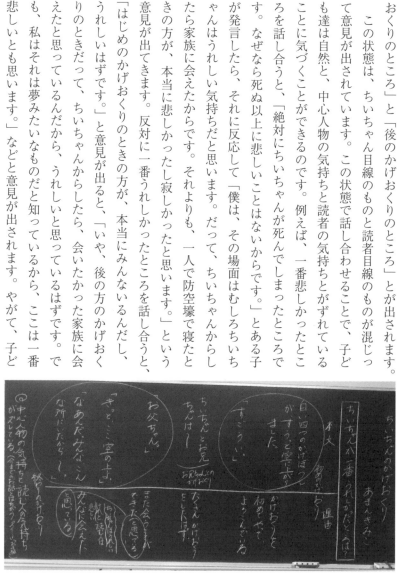

も達の中から「ちいちゃんの目線で考えている人と、自分の目線で考えている人がいるんじゃないかな。」と気づく子が出てきます。そうした意見を広げつつ、「ちいちゃんの気持ちと読者の気持ちにズレが出ている」ことや、そのズレがさらなるこの作品の悲しさ、戦争の悲惨さを際立たせていることなどに気づかせていきます。低学年の作品では、基本的に子ども達は中心人物に同化して同じ気持ちになりながら読んできましたが、ここで異化を経験することになるのです。

○第六時　お父さんやお母さんの思いを考える　「かげおくりをしたかったのはお父さんなのか、それともお母さんなのか。」

悲しい思いをしたのはちいちゃんだけではありません。お父さんやお母さんの気持ちも子ども達に想像させてみたいものです。「かげおくりをしたかったのはお父さんなのか、お母さんなのか。」という発問をして、メーターで考えさせます。最初につぶやいたのはお父さん、やろうと言ったのはお母さんです。お父さん寄りで考える子は、「自分が家族と一緒にいられるのは最後かもしれないから。」などの意見を出します。一方、お母さん寄りで考える子は、「病気なのに戦争に行くお父さんに思い出を残してあげたいから。」などの意見を出します。

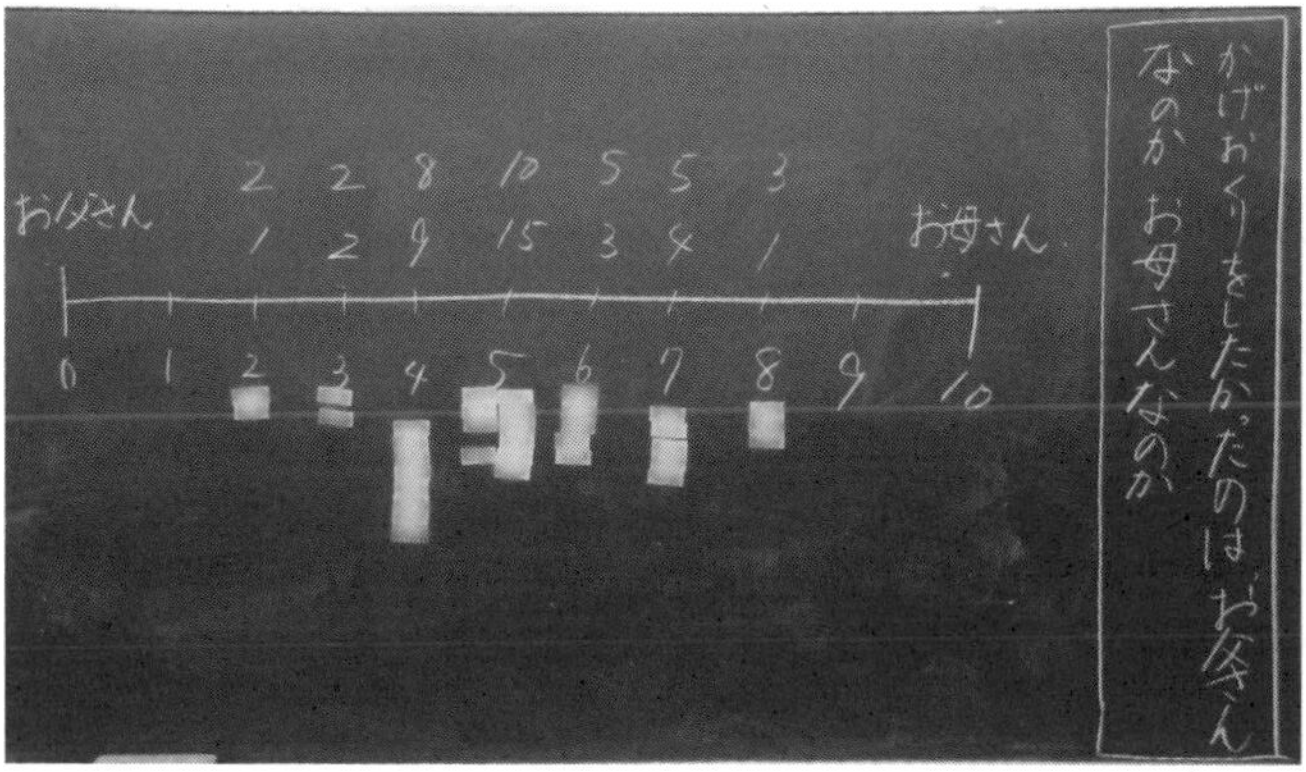

話し合わせた後、もう一度メーターで自分の考えを表現させ、理由をノートに書かせて終わります。

○第七時　最後の場面の意義について考える　「最後の場面は必要かな。」

最後の場面についても、ぜひ子ども達に考えさせておきたいです。ここでは、「一番重要な人物は誰だっけ?」と尋ね、「ちいちゃん」と確認してから、「みんな、気づいた?　最後の場面はそんなに重要なちいちゃんが出てきていないんだよね。この場面、いらないよね。」とゆさぶり発問をします。

すると、「いやいや!　絶対必要だよ!　だって……」と口にする子が多くいますから、ノートに考えを書かせます。「必要ないのでは?」と考える子も少数ですがいますので、話し合いではその子達に発言してもらいます。

中心人物であるちいちゃんや重要な語である「かげおくり」などが出てきていないことを確認します。その後、「必要」だと考える子達に発言させていくと、「この場面があることで悲しさが目立つ。」「今は幸せだと強く思える。」「比べると強調される。」といっ

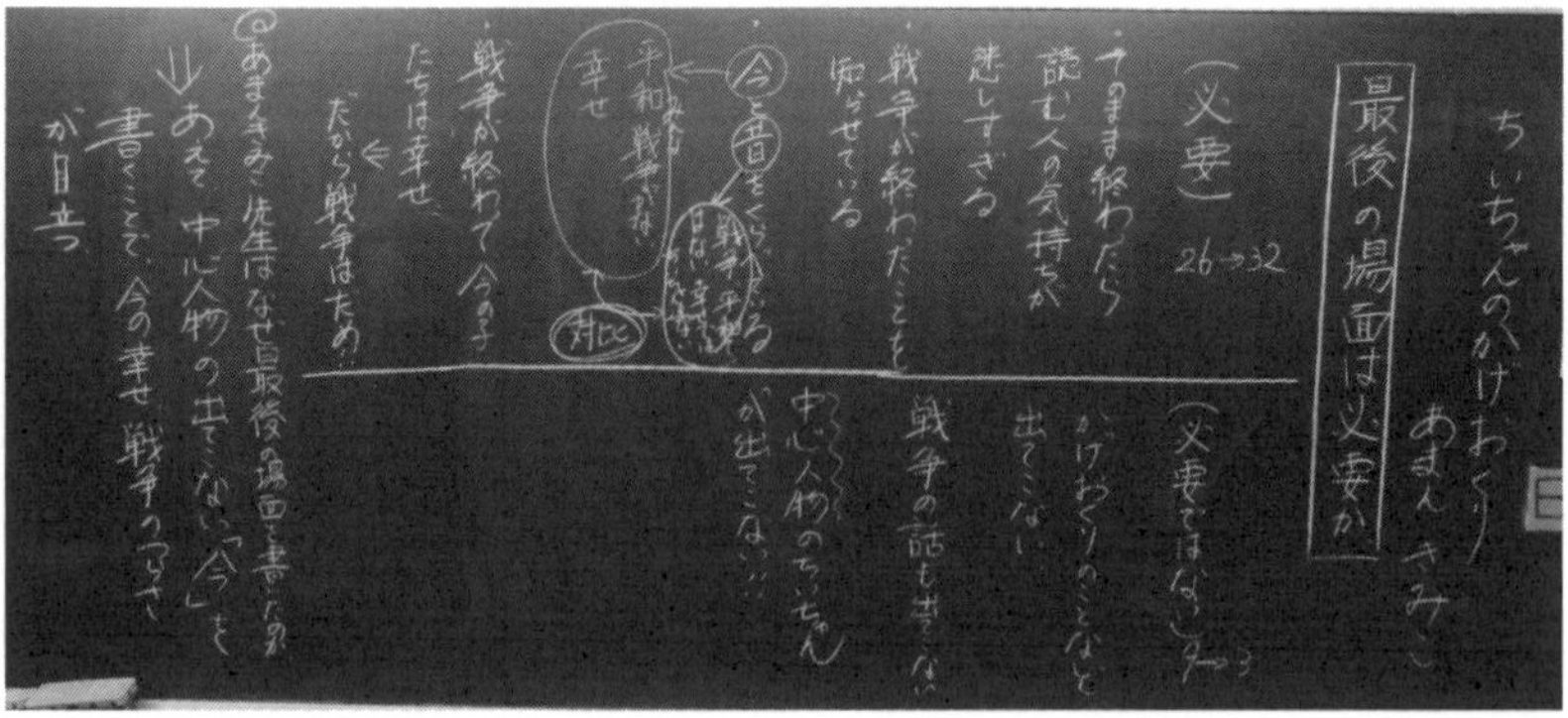

た意見を出させていきます。

最後に、「あまんきみこさんは、どう考えたか、この場面を書いたのか、というと書いたんだよね。じゃあ、あまんさんが必要だと思った理由を今日の話し合いのまとめとして書いてみよう。」と投げかけ、ノートに書かせ、終わります。

こうすることで、自然と「対比」や「強調」のために5場面があることに気づくことができます。「必要ではない」に固執してしまう子がいることが予想される場合は、「あまんさんはどう考えて書いたのかな。」とか「この場面があるといいことは何かな。」と発問するとよいでしょう。

○第八時　作品全体について考えを持つ　「ちいちゃんが生き延びる作品とどちらがよい？」

あまんきみこさんの講演をお聞きしたとき、「ちいちゃんが生き延びて赤ちゃんを産む作品にしようと思っていたのですが、どうしても、何度かいてもちいちゃんが死んでしまうのです。」とお話されていました。私はこのお話を伺った際、「子ども達と話し合ってみたいな」と思いました。ただ、伝え方をどうすべきか迷いました。「ちいちゃんが生き延びる方がいいよね。」だと当たり前のように全員一致で「生き延びる方がいい」と子ども達は思うに決まっています。それでは、先述のあまんさんの葛藤は子ども達に伝わりません。

そこで、素直にあまんさんが悩んでいたことを子ども達に伝え、「どちらの作品の方がいいかな。」と聞いてみることにしました。個人的な思いとしては、全員ちいちゃんが生き延びた方がいいと考えるに決まっていますが、作品全体を判断するとなると話は変わってきます。

子ども達に聞いてみると、2対1くらいに割れました。「もしも、ちいちゃんが生き延びていたら、私はうれしいけれど、どうなるんだろう……戦争のつらさは伝わるのかな。」と真剣に悩む様子が見られました。もちろん、「作品として、ということは分かるけれど、とにかく登場人物が死ぬのは嫌だ。」というのも、立派なその子らしさであり、文学の嗜好です。おおいに認めればよいと私は考えます。

いずれにせよ、作品を異化して、考える様子が見られるようになる問いです。（この実践の詳細は『教育科学国語教育』二〇一七年一〇月号の拙稿「アクティブ・ラーニングを支える今月の学習課題と授業づくり」に載せています。ご参照ください。）

○第九・十時　自分の考えをまとめて書き、交流する　「自分が書きたいまとめを選ぼう。」

最後に、自分の感想をまとめて書かせます。私は、いつも「感想を書こう」ではつまらないので、選択式のまとめにすることがあります。ここでは、次の三つのパターンを設けました。

・「ちいちゃんへ伝えたいことを書く」…手紙のような形式でもよい。

・「あまんきみこさんへ伝えたいことを書く」…手紙のような

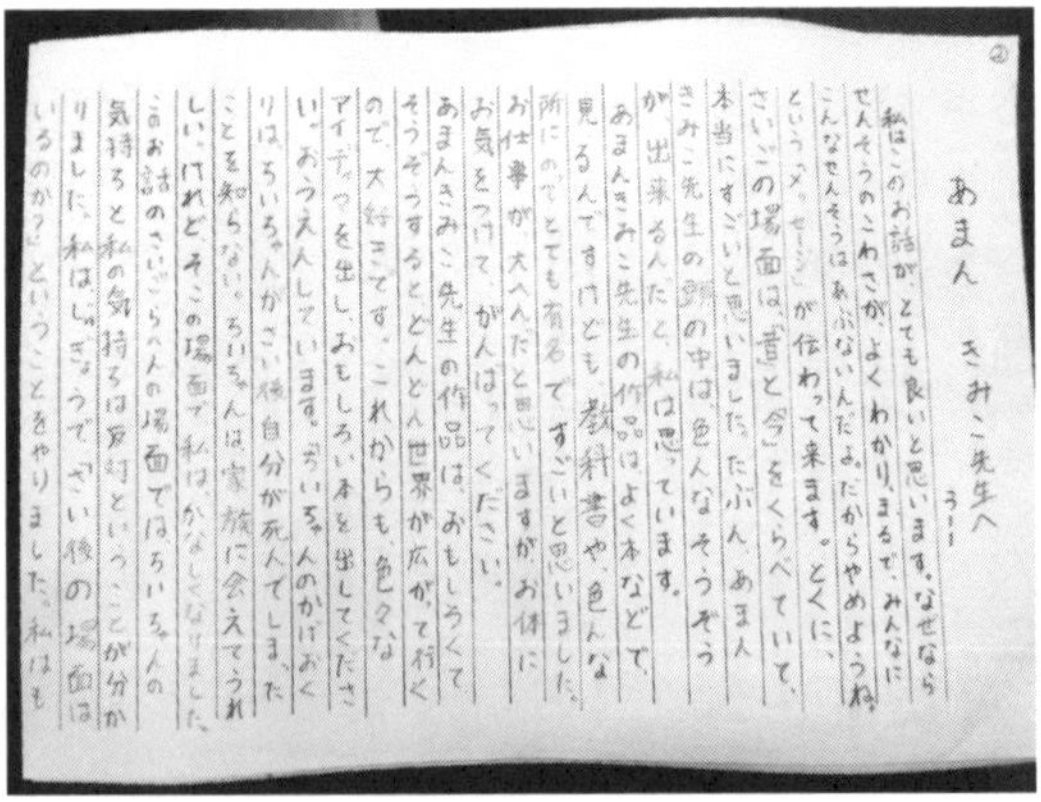

あまん　きみこ先生へ
私はこのお話が、とても良いと思います。なぜなら
せんそうのこわさが、よくわかり、まるで、みんなに
こんなせんそうはあぶないんだよ。だからやめようね。
というメッセージが伝わって来ます。とくに、
さいごの場面は、「昔と今」をくらべていて、
本当にすごいと思いました。たぶん、あまん
きみこ先生の頭の中は、色んなそうぞう
が出来るんだと、私は思っています。
あまんきみこ先生の作品はよく本などで、
見るんですけども、教科書や、色んな
所にのってとても有名で、すごいと思いました。
お仕事が、大へんだと思いますが、お体に
お気をつけて、がんばってください。
あまんきみこ先生の作品は、おもしろくて
そうぞうするとどんどん世界が広がって行く
ので、大好きです。これからも、色々な
アイディアを出し、おもしろい本を出してくださ
い。おうえんしています。ちいちゃんのかげおく
りは、ちいちゃんがさい後自分が死んでしまった
ことを知らない。ちいちゃんは家族に会えてうれ
しい。けれど、そこの場面で私は、かなしくなりました。
このお話のさいごらへんの場面では、ちいちゃんの
気持ちと私の気持ちは反対ということが分か
りました。私は、じゅぎょうで「さい後の場面は
いるのか？」ということをやりました。私はも

形式でもよい。

・「あまんきみこさんのインタビュー記事を書く」…あまんさんに自分が質問しているような形式で、表現の意図などを自分で質問して、自分であまんさんになりきって解説してみる。

子ども達は、時間を忘れて書き続け、「次の時間も書きたい！」と言っていました。それだけ、この作品は子ども達の心を惹きつけるのです。

④「三年とうげ」の指導

○単元の流れ　（　）内は主な発問

①初発のあらすじを交流する。

②設定を確かめる・設定の重要性に気づく。（重要な順に並べよう。）（おじいさんが出てこないのに１場面は必要？）

③おじいさんの変化について読み取る。（一番変わったのは？）（何によって変わった？）

④このお話の面白さを話し合う。（一番面白いと思うことは何？）

⑤このお話から学んだことを話し合う。（あなたがこのお話から一番学んだことは何？）

⑥民話を読み、面白いところを中心に紹介し合う。

○単元のねらい

・スラスラと、内容の大体や文章の構成を考えながら音読することができる。

・登場人物の気持ちの変化を読み取り、自分の言葉で説明することができる。
・文章を読んで感じたことなどを共有し、一人一人の感じ方の違いに気づくことができる。

○第一時　初発のあらすじの交流

もうすっかり子ども達に、初読であらすじを書くことが定着しているはずです。初読であらすじを書くというのは、一度読んで物語の大体を掴むということです。大体を掴むというのは低学年の中心的な指導事項ですから、３年生ならそれを一読でできた方がいいよね、というようなことを子ども達に説明するとよいです。初読から適度な緊張感が生まれます。

この作品であれば、比較的容易におじいさんの変化を掴むことができるので、初読の段階である程度読み取れている子が多いでしょう。うまく共有できてしまえば、第三時で改めておじいさんの変化を扱わず、この時間にまとめてしまいましょう。その代わり第三時には、「話し合ってみたい疑問はないかな。」と言って子ども達から出させるとよいです。

○第二時　設定の確かめ

ここでも、音読練習や個別評価を行った後、設定を確かめます。設定についてもすっかり定着してきているとは思いますが、しつこく「人・時・場」と確認します。

人物は重要だと思う順に書かせます。その理由を話させるだけで、自然と物語について子ども達は語り始めます。ここでは、最初に「おじいさん」と全員が書いて、次が少し割れますが大方「トルトリ」で収束します。この話し合いが次の時間に効いてきます。子ども達の中で、おじいさんの変化のきっかけをつくった人物としてトルトリが印象づけられるのです。

　また、ここで人物を確認した後、「1場面には中心人物のおじいさんが出てこないけれど、書く必要はあったかな。」とゆさぶり発問をします。すると子ども達は口々に、「1場面がないと、どんなとうげなのか分からない。」「読者が混乱してしまう。」「桃太郎と同じで、はじめに設定が書かれて、こんなお話ですよと説明されている。」などという意見を言います。

　物語の冒頭に設定が書かれていることや、設定の重要性に改めて気づくことができます。

○第三時　おじいさんの変化をまとめる、対象人物について知る

　ここでは、中心人物であるおじいさんがどのように変化したのかを整理します。

　まずは簡単におじいさんの変化をまとめます。「まいごのかぎ」と同じように、「具体」をたくさん出させてから、それらをまとめて「抽象」化していきます。その後、そのきっかけとなったことを考えます。それは、トルトリの出現です。トルトリが知恵を授けてくれたので、おじいさんの

考え方や気持ちは大きく変わったのです。物語の中で最も大きく変化する人物を中心人物と言うことを再確認し、この人物を変化させた人物がいれば、それを対象人物と呼ぶことを指導します。他の物語の例など（「お手紙」など）も出しながら子ども達に指導すると定着しやすいでしょう。

トルトリの知恵こそ、中心人物の変化に大きく関わり、中心人物の変化は物語の読み取りの中で非常に重要だったので、対象人物の言動は非常に重要だということを押さえます。時間があれば、「ぬるでの木のかげから」歌っていたのは誰なのかを話し合ってもよいでしょう。ここまでの授業展開を踏まえると、多くの子がトルトリだと考えます。（もちろん、他の考えもあってよいでしょう。）

○第四時　自分が考える、この物語の一番の面白さを交流する

次に、このお話の一番面白いところを話し合い交流します。歌が面白いということや声に出して読むと調子のよいところ、などという意見ももちろんあり得ます。また、おじいさんがおびえる様子やトルトリの知恵によってすっかり元気になる様子が面白いと感じる子もいるでしょう。

注意が必要なのは、「面白い」という言葉の扱いです。ややもすると、「面白おかしい」という意味に捉えてふざけてしまう子が少なからずいるからです。「面白い」という意味を、「ギャハハハって笑う面白さではなくて、へぇなるほどなぁとかしみじみと面白いなぁと感じる面白さだよ。」と先に指導をしてからこの活動に入るとよいでしょう。「先生は、こういう面白さを感じられるようになってほしい」と心から願い、実際に教師自身も面白いと感じたことを紹介すると、多くの場合期待に応えてくれるものです。理論的ではありませんが、私の経験上、これが一番効果があります。

○第五時　自分がこのお話から一番学んだことを話し合う

最後に、お話から学んだことを交流します。「お話から学んだこと」を考えさせることは、物語全体の読みを総合し、抽象化することであり、ゆくゆくは主題を読み取ることにつながります。「主題」というと難しいですが、「学んだこと」と言えば3年生の子ども達にも十分伝わります。輿水実編著（1968）では、低学年でも「寓話などから、その教えを読み取る」ことは可能だとされています。主題を読み取るなど高学年のやること、と諦めず、教師の工夫次第で下学年でもできるのだということを念頭に置き、指導していきたいものです。

子ども達からは、「病気は気持ち次第」「みんなが言っていることにだまされない」「自分で考えることが大切」などが出されます。これらを出させるだけで十分ですが、欲を言えば、これら「学んだこと」は、主にお話のどの部分に関係しているか、ということも考えさせるとよいでしょう。すると、「中心人物の変化」や「対象人物の言ったこと、したこと」が関係していることが明らかになり、子ども達は以降の物語において、これらに注目して読むことができるようになっていきます。（なお、この実践の詳細は『教育科学国語教育』二〇一七年十二月号の拙稿「アクティブ・ラーニングを支える今月の学習課題と授業づくり」に載せています。ご参照ください。）

○第六時　民話や昔話を読み、面白いところや学んだことを紹介する

前時までの指導がうまくいっていれば、子ども達は、民話や昔話から、実に興味深い「面白さ」や「学んだこと」を見つけて紹介してくれます。基本はグループで紹介し合いますが、特に際立ってい

る子にはクラス全員に紹介してもらい、その着眼点や捉え方の面白さを共有します。

⑤「モチモチの木」の指導

〇単元の流れ　（　）内は主な発問

①学習の見通しを持つ。通読し、初発のあらすじを書き交流する。
②音読練習と言葉調べをする。
③物語の設定を確かめる。（設定を確かめよう。）（重要だと思う順に書き出そう。）
④豆太の人物像を読み取る。（豆太は本当におくびょうなのだろうか。）
⑤豆太の変化を読み取る。（豆太の変化はいくつあるか。）（きっかけは何か。）
⑥⑦豆太の心情を自分に引き付けて読む。（あなたが、豆太の気持ちが一番よく分かる文はどこ？）
（自分が豆太なら、どのじさまの言葉に一番感動するか。）
⑧最後の三行は必要か。
⑨⑩⑪⑫豆太への手紙を書いて、読み合う。

〇単元のねらい

・スラスラと、内容の大体や文章の構成を考えながら音読することができる。
・登場人物の気持ちの変化や性格を読み取り、自分の言葉で説明することができる。
・文章を読んで感じたことなどを共有し、一人一人の感じ方の違いに気づくことができる。

○第一時　初発のあらすじを交流する

ここでも、初読であらすじを書かせます。このころには、多くの子が初読で物語の大体を掴めるようになってきています。初読でも、おくびょうだった豆太がじさまの腹痛をきっかけに勇気を出した、ということは多くの子が掴むことができます。ほとんどの子がそれを理解できているようであれば、この時間に、豆太の変化をあらかた押さえてしまってもよいと思います。ここであらかたを掴んでおければ、さらに次時以降は細かい描写などを読み取っていくことができます。

○第二時　音読練習と言葉の意味調べ

音読練習をします。ここでも個別評価をしっかり行っていきましょう。3年生最後の物語です。三原則に加え、意味句読み、心情、場面の様子が伝わるような読み方にも挑戦させていくとよいでしょう。しかし、一番重要なのは三原則を守った音読です。基本を忘れずに、それに上積みしていけるように指導していきましょう。他の教材同様、これ以降の毎時間も最初は音読を行います。

○第三時　物語の設定を確かめる

設定を確かめる時間です。ただ書き出させるだけでなく、重要だと思う順に書き出させます。そうすることで、一気に作業が思考的になります。「中心人物」という用語も積極的に使い、定着させていきます。3年生最後の物語ですが、ここでしっかり定着させておけば、4年生でも当たり前のように用語を使える子に育ちます。

時や場所も重要だと思う順に出させます。すると、「霜月二十日のばん」や「夜道」などがはじめの方に挙げられていきます。子ども達は、時や場所を重要だと思う順に書こうとすることで、自然と「どの場面が重要か」を考え、判断することになるのです。

○第四時　豆太の人物像を読み取る

本時では、豆太の人物像を読み取ります。「豆太ってはじめはどんな子だった?」と子ども達に尋ねると、十中八九「おくびょう」と言います。物語の冒頭に、「全く、豆太ほどおくびょうなやつはいない。」と書かれていて、それが子ども達の印象に残っているからです。

そこで、「豆太って本当におくびょうかな。」とゆさぶり発問をしてみます。このように尋ねると、必ず「いや、よく考えたらおくびょうとも言えないかも……」と考える子が出てきます。

まだ5歳であること、夜にせっちんに一人で行けないことなどの人物像を自然と読み取りつつ、「もし自分だったら……」と自分に引き付ける読む姿が見られるはずです。そうした子どもの読みを価値づけて共有しつつ、「人物像」という言葉や自分に引き

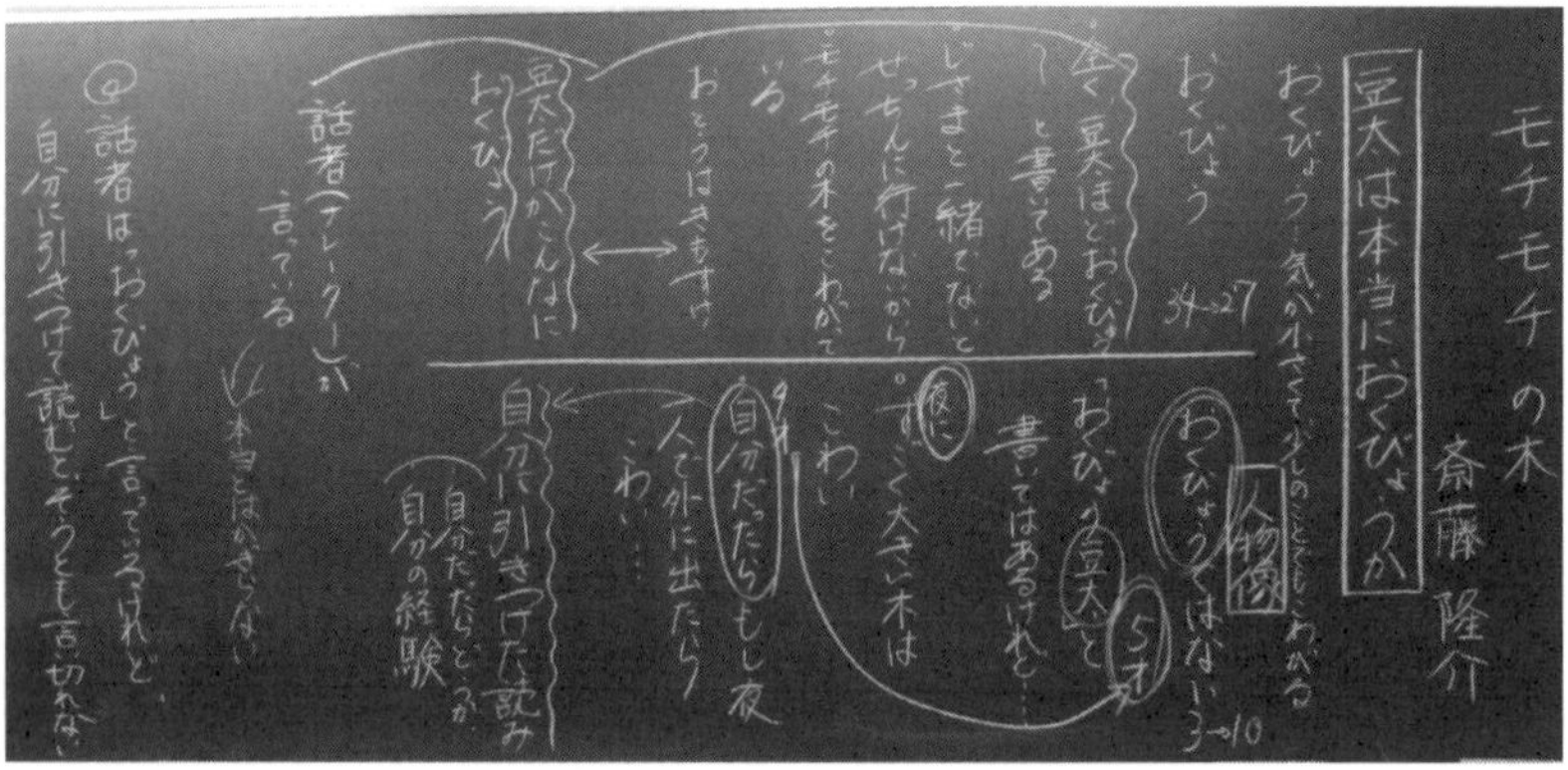

付けて読むこと、話者の存在、あくまでも「おくびょう」だと言っているのは話者だということなどを子ども達に気づかせることができます。

○第五時　豆太の変化を読み取る

本時では、豆太の変化をまとめます。ここでは、主に1、2場面と3、4場面とを比べて考えるとよいでしょう。5場面を含めると豆太は結局変わっていない、と考える子が出てきます。その考えはその考えでとても面白いのですが、人物の変化を読み取るうえでは話がこんがらがってしまいます。ですので、一旦場面を指定して変化をまとめておくとよいでしょう。

「豆太はいくつ変わったか」を問い、具体的に一つ一つ出させていきつつ、変化をまとめていきます。第一時で豆太の変化についてあらかた押さえられている場合は、さらに具体的な変化まで出させていけるようにしましょう。

その後、「豆太が変わったきっかけは何か」ということを改めて確認しておきます。このとき、「本当にじさまは腹が痛かったのかな。」と言う子がいます。とても面白い疑問です。一芝居打ったのではないか、ということです。叙述に証拠はなく、正解もない話なので深追いはあまりしない方がよいですが、「みんなはどう思う?」と個人的に考えを持たせても面白い話題ですね。

○第六・七時　豆太の心情を自分に引き付けて読む

豆太の変化とそのきっかけをまとめることができれば3年生の読みとしては十分なのですが、私は、もっと一人一人のその子らしい読みもしてほしいと考えます。みんながみんな「おくびょうだった豆太が、じさまの腹痛をきっかけに勇気を出した」とだけお話を捉えればよいとは思いません。お話の概要を捉えることは必要ですが、それが捉えられたうえでさらに自分らしい読みもしてほしいものです。

そこで重要となってくるのが、「豆太は本当におくびょうか」を考えたときにも述べた「自分に引き付けて読む」ということです。叙述と自分の経験等を結び付けながら、「自分だったらどうか」などとリアルに考えながら読むことです。ただし、子ども達に「自分に引き付けて読むんだよ」と口で伝えてもなかなかできません。

そこで、「一番」を問うのです。「あなたが、豆太の気持ちが一番よく分かる文はどこ？」「自分が豆太なら、どのじさまの言葉に一番感動するか。」と問うことで、子ども達一人一人にとっての「一

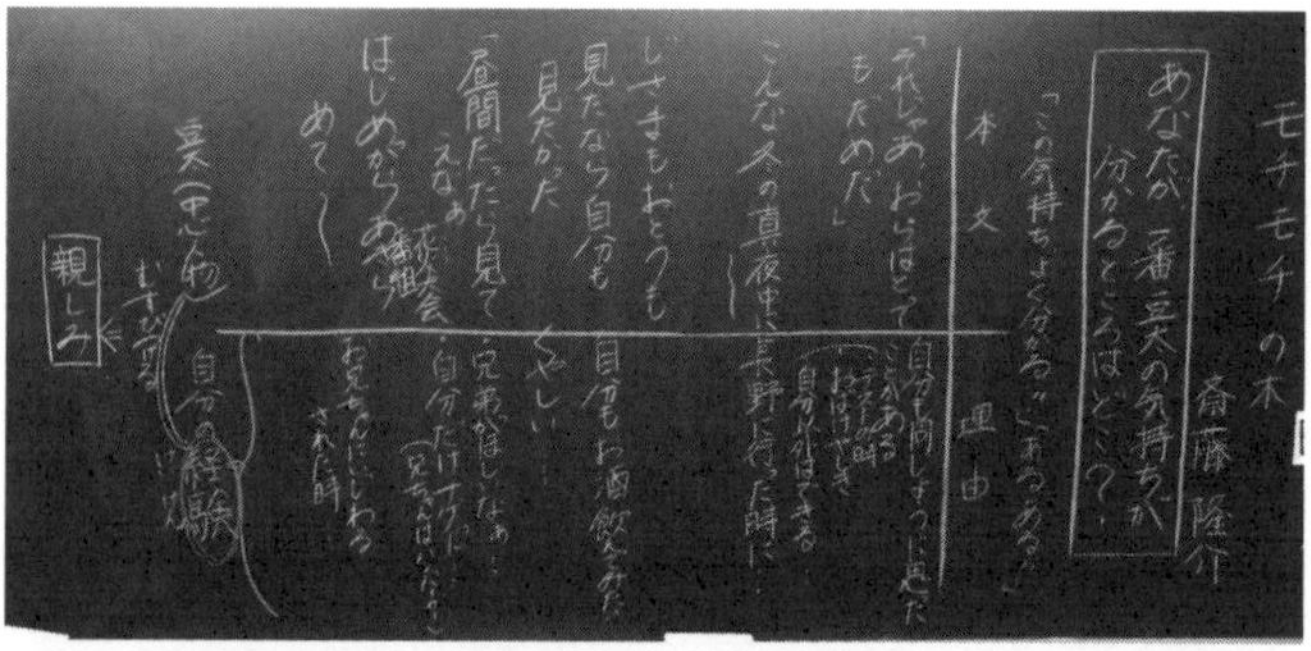

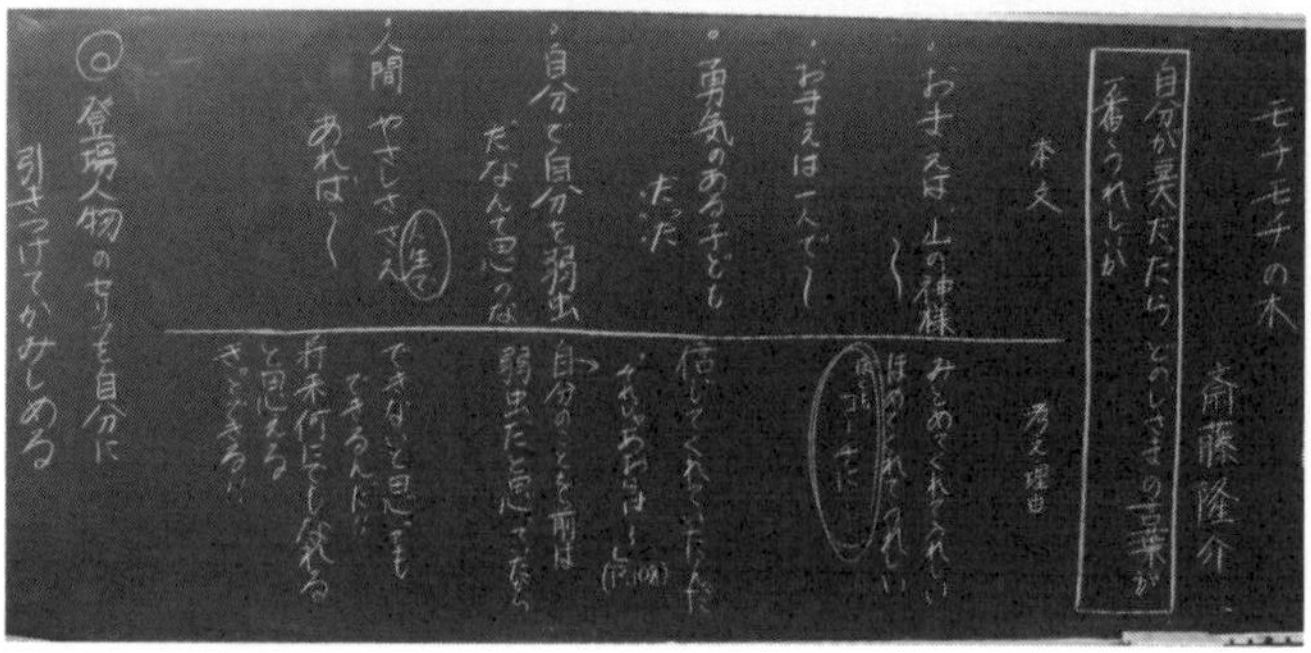

番」を考えさせます。そうすると、自ずと経験等と結び付けて考えざるを得ないのです。「あなたが」とか「自分が」ということを強調することが重要です。

○第八時　最後の三行は必要か

第五時に豆太の変化を確認したとき、子ども達から「でも、またじさまを起こして一緒にしょんべんに行っているから、豆太は変わっていないのではないかな。」というような声が聞かれます。

それを生かして、本時に「せっかく豆太は勇気を出して、成長できたのに、最後のこの三行はなんだか余計な気がするんだけど、みんなはどう思う？　この三行は必要かな。」と問います。

すると、子ども達は思いのほか「必要」だと言います。その理由を聞いていくと面白いです。「オチみたいで面白い。」「勇気はもしものときに使えばいい。」「こっちの終わり方の方がいい。だって、豆太は豆太なんだな、ってクスッてさせられるから。」「弱虫でもやさしければいい。」「勇気って何だろう、おくびょうって何だろうって思う。」など様々な、深い考えが出てきます。（なお、この実践の詳細は『教育科学国語教育』二〇一八年三月号の拙稿「アクティブ・ラーニングを支える今月の学習

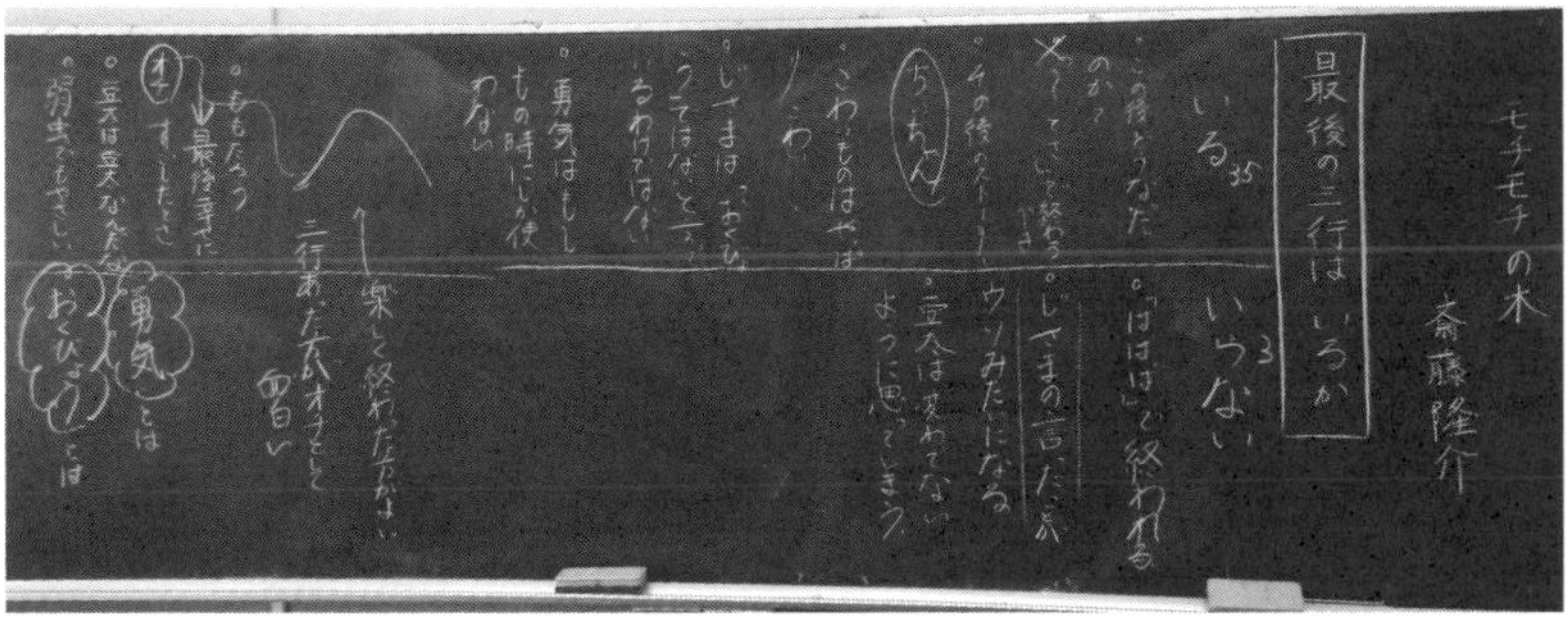

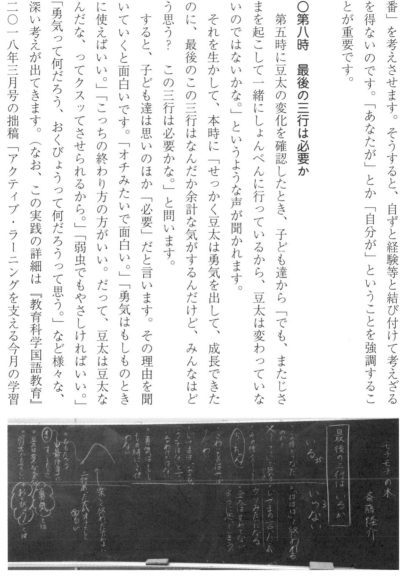

課題と授業づくり」に載せています。ご参照ください。）

○第九〜十二時　豆太への手紙を書いて、読み合う

これまでの学習を振り返りつつ、勇気を出して頑張った豆太に手紙を書く活動を行います。特に第六・七時などで自分に引き付けて、豆太の心情に対してリアルに想像することができていると、豆太に対してあたたかい言葉を投げかけるようになります。

「私も〜」とか「私は〜」と自分のことも語るようになれば、自分に引き付けて読むことができている証拠です。物語ではありますが、自分とは全く関係のないこととして、他人事として読むのではなく、自分と照らし合わせて読めるようになっていってほしいものです。

3　説明的文章の指導
―読むだけでなく書くところまで視野に入れた指導を―

説明的文章の指導をしていくうえで重要なのは、説明文を読むだけでなく「書く」というところまで視野に入れた指導をしていくことです。

身の回りには説明文が溢れています。新聞やレポート、指導案、企画書、この本だって一種の説明文です。大人になって文学を「書く」という人は少数ですが、ほとんどの人が説明文は「書く」ことになるのです。このようなことを踏まえると、説明文指導は「書く」ことと密接に関連しており、読めればそれでよいというものではないことが分かります。説明文指導を「書く」というところまで視

野に入れたものにしていくと教材研究や指導が変わっていきます。

まず、教材研究（素材研究）が本質的になります。その教材の文章としての特性を適切に掴み、それを子ども達に読み取らせ、書くことまで応用させていかなくてはならないからです。中学年で扱う説明文は、事例が列挙されていく「事例列挙型説明文」（名称は澤本和子（1991）より）がほとんどです（「ありの行列」は除く）。しかし、その事例列挙型説明文の中でも、少しずつ高度なものになっていっています。その論理構造をまずは教師が掴み、それを子どもに読み取らせる工夫を考え、さらにそれを活用して書かせるところまでねらう……という教材研究の流れに一本の筋が通るのです。

次に、子ども達への読みの指導も変わります。説明文を「読めればそれでよし」としていると、どうしても説明内容ばかりを読み取ることになります。そうすると、教材文の内容を読み取って終わり、という授業になりがちです。つまり、教科書を教える授業、教材内容を指導して終わりという授業です。「すがたをかえる大豆」であれば、子ども達は大豆について詳しくなって終わり、「こまを楽しむ」であればこまについて詳しくなって終わりという授業です。

もちろん、文章というのは内容ありきですから、内容を読み取るのも重要です。しかし、そのうえで、説明文の書かれ方や筆者の意図など、国語科の教科内容と呼べる内容も指導していかなくては、子ども達に言葉の力をつける、国語科の授業とは言えません。長崎伸仁（1992）では、説明文で指導すべき三つの要素を「内容」「論理」「筆者」としています。低学年では「内容」を、中学年では「論理」を、高学年では「筆者」を、主に読み取る対象にすべきと主張しています。本書が対象としている3年生は「論理」を主に読み取ることとされていますが、この「論理」とは何でしょうか。それこそ、「読むこと」の章はじめの総論で述べた「関係性」を読むことや「つなげて」読むことに他なりません。

3年生が主に学習する事例列挙型説明文においては、事例の内容を読み取るだけでなく、「事例の挙げられ方」に着目することです。具体的には、事例の順序、分類、選択等を筆者の意図を推測しながら、事例同士の関係や事例と主張との関係を考えながら読んでいくようにします。

このような読みを子ども達に経験させていくことで、事例の内容を読み取っているだけよりも、はるかに書くことにつなげていきやすくなります。「筆者はどうしてこの順序で事例を挙げたのだろうか」「筆者はどのように事例を分類しているのか」などと、読みの授業の段階から考えているからこそ、いざ自分が書くときになったら、それらを考えながら書くことができるのです。このように、書くことを視野に入れると、説明文の読みの指導も変化します。

①「言葉で遊ぼう」「こまを楽しむ」の指導

○単元の流れ　（　）内は主な発問

①「言葉で遊ぼう」　題名読みをする。文章の大体を読む。段落について知る。（題名からどんな内容か予想しよう。）（問いの文は何だろう。）（段落ありとなし、どちらが読みやすい？）

②「言葉で遊ぼう」　事例の順序について考える。（いくつの言葉遊びが出てきたかな。）（どんな順序で書かれているかな。）

③「こまを楽しむ」　文章の大体を読む。（題名からどんな内容か予想しよう。）（どんな問いの文が

出てきそうかな。）

④「こまを楽しむ」どんな事例が出てきたかを確認し、順序を予想する。（どんな順序でこまが紹介されているのかな。）

⑤「こまを楽しむ」アンケート調査をして予想を確かめる。（みんなが予想したのは本当に当たっているのかな。みんなに聞いてみよう。）

⑥事例の分類について考える。（こまはどんなグループに分けられるかな。）

⑦⑧学習のまとめをする。（遊んでみたいこまを調べて説明文を書こう。）（事例の順序に気を付けて自分の調べたことを説明する文章を書こう。）

○単元のねらい

・段落の役割について理解することができる。
・スラスラと音読することができる。
・事例の順序について自分の言葉で説明することができる。また、自分の書いた説明文の事例の順序の意図について説明することができる。

○第一時　題名読みをする、文章の大体を読む、段落について知る

本時から第二時まではプレ教材である「言葉で遊ぼう」を使います。

私は、説明文の指導は大体「題名読み」から入ります。題名読みとは、初読をする前に題名だけを

子ども達に提示し、文章内容を予想させることです。この題名読みは、説明文指導において古くからされている手法ですが、私は非常に優れていると考えています。

説明文における題名は、文章内容を最も抽象化したものです。そこから文章内容を予想させることで、子ども達に言葉から考えるという、国語授業において最も基礎的で重要なことを指導することができます。文章の大体は「問い」を確認することで把握することができます。問いは、題名の次に文章内容が短く抽象化されたものです。3年生でも「問いの文」を忘れてしまっている場合もあるので、確認しておきましょう。

また、3年生では「段落」を学習します。単に「一文字へこんでいるところを段落と言います。意味のまとまりになっています。」と伝えても、真にその意味を理解したり、段落を有意義に感じたりする子は少ないです。しかも、多くの子は3年生でも「段落」というものの存在は既に知っています。ですので、私は、子ども達に段落なしの説明文を配付し、「どこで一文字へこんでいると思う?」と予想させました。配った途端、子ども達は「へこんでいるところがない!」「段落がない!」と口にしていました。すると、子ども達は写真のように、言葉遊びの種類に着目して段落の切れ目を探します。

ここでどんな言葉遊びが出てきたかも一緒に確認することができてしまいます。こうして段落なしの文章で読ませた後、教科書の段落ありの文章を見せると、「分かりやすい!」「言葉遊びが変わるところで段落も

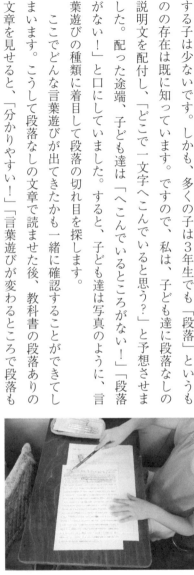

変わっている！」などと段落のありがたみをひしひしと感じていました。比較することで、その意義が見えてくるのです。

○第二時　事例の順序について考える

本時では筆者の事例の出し方について考えていきます。

先述のように、事例列挙型説明文においては、事例の出し方について検討することは、事例同士の関係性を読むことにもつながり、非常に重要です。そこには筆者の説明の工夫や意図がかくされており、それを読み取ることは書くことにもつながりますし、一見何の工夫もないような事例列挙型説明文にかくされた秘密を発見するようで子ども達は「説明文って面白い！」と説明文の面白さに気づくきっかけにもなります。

しかし、一点注意が必要なのは「たった一つの正解」があるわけではないということです。文章中に「こういうわけで○○な順に事例を並べました」などと書かれているはずがないからです。ですから、あくまでも「筆者はこういう風に考えて、読者が分かりやすいように○○な順に事例を並べたのではないか」という推測を子ども達はしていき、話し合いをして「納得解」を見出していくことになります。その過程で、事例同士の関係性を考えたり、筆者の意図を推測したりすることになります。これは、文章内容のみを理解して終わりという授業よりも、先の長崎（1992）の言葉を借りれば「論理」や「筆者」も読み取ろうとしている授業と言えるので、中学年の説明的文章の授業としてはふさわしいと言えるでしょう。（とはいえ、文章内容の読み取りを疎かにしていいというわけではありません）。「そんな正解の分からないことを話し合わせて何になるのか」と言われる方がいらっしゃいますが、こうした「納得解」を求めて子ども達に考えさせることも時には重要なのです。しかし、教師でも「正解が分からないのは……」と思うくらいですので、当然子どもの中にもそう思う子も少なからずいます。私も事例列挙型説明文を扱う際は、「事例の順序（どのような順序で筆者は事例を並べたのか）」や「事例の選択（数ある事例の中からなぜこれらを選んだのか）」について扱う授業を数多く行ってきました。「納得解」で納得する子もいれば、「でもなぁ～、筆者に聞いてみないと本当のことは分からないなぁ。」と言う子もいました。

この「言葉で遊ぼう」のときも、事例の順序について考えた際、「みんながよく知っている順」とか「簡単なものから出されている」とか「身近なものから出されている」というような意見が出されました。吉川（2011a など）によれば、基本的に事例列挙型説明文の事例は「既知→未知」「簡単→複雑」というような基準で並べられています。そして、多くの子ども達はそれに気づいて先のように意見を出しますが、どこか自信がなさそうな子がいたり、納得いかなそうな顔をしている子がいたりします。それは、「個人の感覚」で判断しているからです。「身近なものから事例を出していると思うけれど、その事例が身近だと思うのは僕だけかもしれない」とか「あの子は、みんながよく知っている順だというけれど、本当に最初の事例はみんなよく知っているのかな」などと考えてしまうのです。

そこで、「みんながよく知っている順っていうけれど、その『みんな』って誰のこと？」と尋ねました。すると子ども達は「読者です。」と答えました。「そう、読者ね。読者はこの教室に何人いる？」と聞くと「三十五人です。」と答えました。そして、「もし知っている順だと思うなら、この教室にいる他の読者たちにも聞いてみたら？『最初の事例は知っていた？』って。」と投げかけてみました。つまり、事例の順序の予想を個人の感覚だけでさせるのではなく、他の子達にもインタビューしてみたら、と提案したのでした。

　すると、子ども達は「たしかに！」とウキウキした表情でした。その後、質問のつくり方や集計の仕方を少し指導し、班ごとに質問に行かせるようにしました。質問は、例えば自分が「知っている順に事例が出されているのではないか」と予想したのであれば、友達に質問するときは「この説明文を読む前に、しゃれ（一つめの事例）を知っていた人？　回文（二つめの事例）を知っていた人？　アナグラム（三つめの事例）を知っていた人？」と尋ね、それぞれの人数を数えていきます。そして、「知っていた」という人数がすべての班に回れなくとも、一〇人くらいに聞くことができれば、ある程度人数の偏りは出てきます。

　こうして、子ども達は自分たちが予想した「知っている順」や「身近な順」などの証拠を集めることができ、より納得解への納得を深めたのでした。この日の感想には「いろんな人に聞いたけれど、本当に、みんなが知っている順になっていた！　説明文ってすごくよくできているなと思った。」など説明文の面白さに気づいたものが溢れていました。

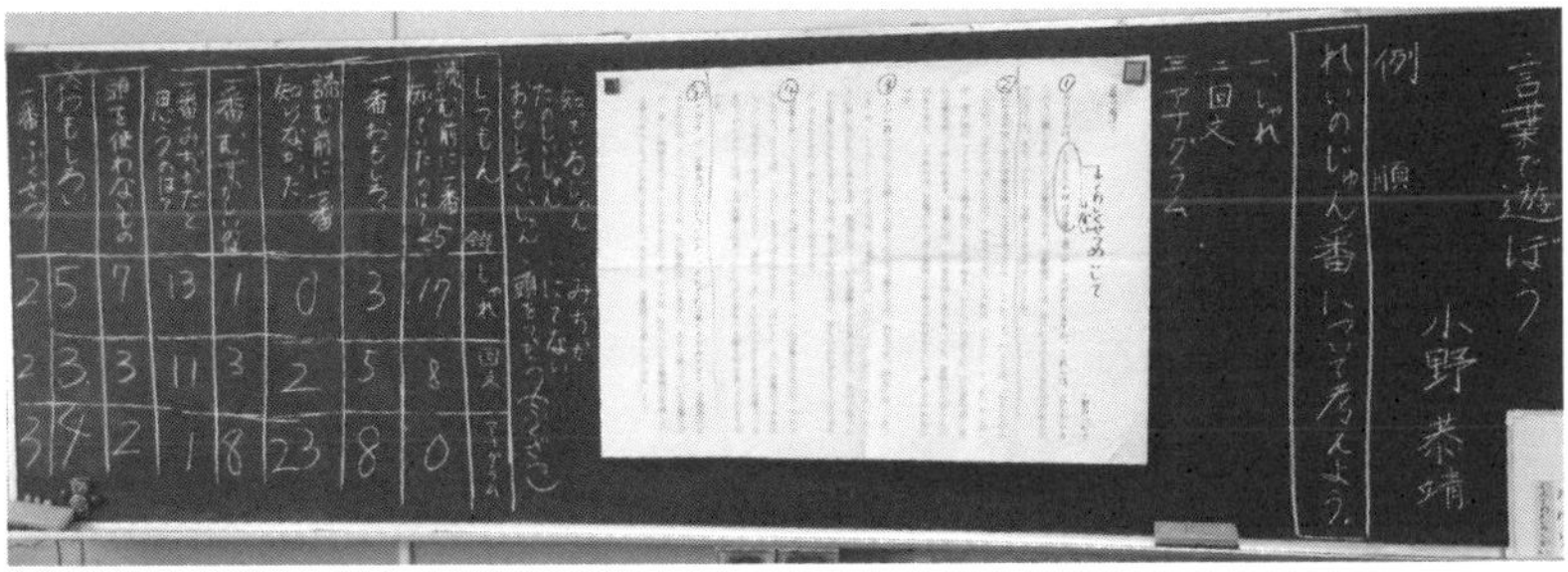

○第三時　文章の大体を読む

本時から「こまを楽しむ」に入ります。ここでも、題名読みから入るとよいでしょう。題名読みを純粋に行っても面白いですが、少し他のバリエーションも紹介しておきます。

一つが問いの文予想です。「こまを楽しむ」という題名から、どんな問いの文が出てきそうか予想させるのです。具体的に説明内容を予想することができ、面白い活動です。

もう一つが、題名からどんな事例が出てくるか予想させることです。「言葉で遊ぼう」であれば、言葉遊びの種類を、「こまを楽しむ」であればこまの種類を、それぞれ子ども達から出させます。これだけで、既有知識を掘り起こすこともできます。さらに、いくつか子ども達から出されたら、さらに今度はそれらがどのような順で説明されるか、ということも予想させても面白いです。事例の順序の予想をさせるわけです。一点注意が必要なのは、子ども達がほとんど知らない場合もあることです。言葉遊びは知らない可能性があるでしょうし、こまの種類もほとんど知らないこともあるでしょう。その場合にはあまり使えません。子どもの実態やその後の展開に合わせて活用してください。

いずれにせよ、題名からこのようなことを予想させてから初読に入ると、それだけ子どもの意識も高まり、読み取りもスムーズになります。

「こまを楽しむ」の場合は、子ども達からこまの種類を出させた後、それらに加えて私が実はこれらのこまも出てくるよ、と示し、さらに「筆者はどんな順序で説明すると思う？　予想してみよう。」と言って予想させてから初読に入りました。すると、子ども達は初読で文章の大体、そしてどのような事例が出てきたかを掴むことができました。

○第四時　事例を確認し、どのような順序で出されているかを予想する

　本時では、改めて問いの文や事例として出されたこまを確認していきます。つまり、前時の復習をしていくわけです。これは学習指導要領に示された学習過程でいえば「構造と内容の把握」に当たります。私は、子ども達全員がしっかり授業に参加していくには、この「構造と内容の把握」を一度ではなく繰り返し、しつこく行っていく必要があると考えています。ですから、「問いの文は何だったかな。」「どんなこまが出てきたかな。」というような復習は、毎時冒頭に行います。ここでは、全員が挙手することを目指します。忘れてしまっていたら仕方ないですが、分かるのに手を挙げない子がいた場合は、「これが分からないと今日の学習は無理ですねぇ。」とか「○○さんは忘れてしまいましたか……」などと、放っておかないようにします。そのようにして、構造と内容の把握を全員に徹底していきます。これもできないのに、事例の順序を検討したり、筆者の意図を考えたりすることは無理だからです。

　案外、子ども達も復習の問いを出されるのは嫌いではありません。毎時間聞かれるので、自信を持って「はい！」と挙手するようになります。授業にハリとリズムが生まれていきます。ぜひ、実践してみてください。「題名」や「筆者」などを言わせるというのもよいでしょう。

　この時間は、事例をこうして確認した後、「どのような順序で出されているのか」を予想させ、終了します。

○第五時　アンケート調査を行い、事例の順序の予想を確かめる

本時でも前時のように復習をした後、「どのような事例の順序か」ということを考えていきます。子ども達からは「『言葉で遊ぼう』のときと同じように、みんなが知っている順ではないか。」「ずぐりが最後だし、みんなが驚くものが後に並べられているのではないか。」などの意見が出されました。するとある子が「またみんなに質問してみたいな、今度はいろんな人に聞いてみたいな！　他の先生とか！」と口にしたので、私は、その声を拾い、「面白いね！　じゃあ、今回はこのクラス以外の人にも聞いてみようか！　『このこま知っていた？』とか。」と投げかけると、子ども達は「いぇー い！」という声をあげました。（ここまでスムーズにいくとは思っていなかったのですが、私はこういう流れを想定していました。）このように動機づけてから、子ども達に、「でもさぁ、みんなはこの説明文を読んだから、ここに書かれているこまがどんなこまか分かるけれど、他の先生や他の学年の子は分からないかもしれないね。どうする？」と尋ねました。子どもは「『このこまはこういうこまです』って説明してから、『どれがすごいと思った？』とか『どれを知っていた？』って聞けばいいんじゃないかな。」と言いました。私は、「なるほど。でも休み時間にアンケートするわけでしょう？全部説明していたら、相手は『遊びたいのに！』って嫌なんじゃないかな。しかもそれだと時間もかかってあまり多くの人に聞けないし……」とわざと困らせるようなことを言いました。子ども達は、「大丈夫！　短く説明すればいいんだよ！　大切なことだけ！」

こういった流れで、次の写真のようにアンケート用紙をつくることになりました。ここでは、子ども達は、３年生の指導事項である、段落の「要点」を掴むということを自然と行うことになります。

相手に短く説明するために、という必要感がある状況の中で、要点のみを文章から抽出するわけです。

そうしてアンケート用紙をつくらせると、みんな長々とこまの説明を書かず、短くまとめて書くようになりました。その後、全員に対して、「段落の中のどの文を使った？」と聞くと、多くが「初めの文！　分かりやすくまとまっていたから。」と口にしました。段落の中で一番まとまっている重要な文、つまり「中心文」を子ども達は無意識に掴んでいるのです。そこで私は、「そうだね、こういう風に段落の中で一番重要なことが書かれている文を中心文って言うよ。段落の初めに書かれていることが多いよ。」と指導し、押さえました。

このように、子ども達が「やりたい！」と思えて、しかも自然と指導事項の学習に取り組める状況を設定すれば、子ども達は放っておいても教科書を読み込みますし、力を発揮します。

アンケート用紙をつくった後は、休み時間などに、嬉々として学校中にアンケート調査をしていました。班ごとに行ったアンケートでは、はじめにアンケート用紙を見せながら、こま一つ一つを短く説明します。その後、自分たちが予想している事例の順序を裏づけるような質問

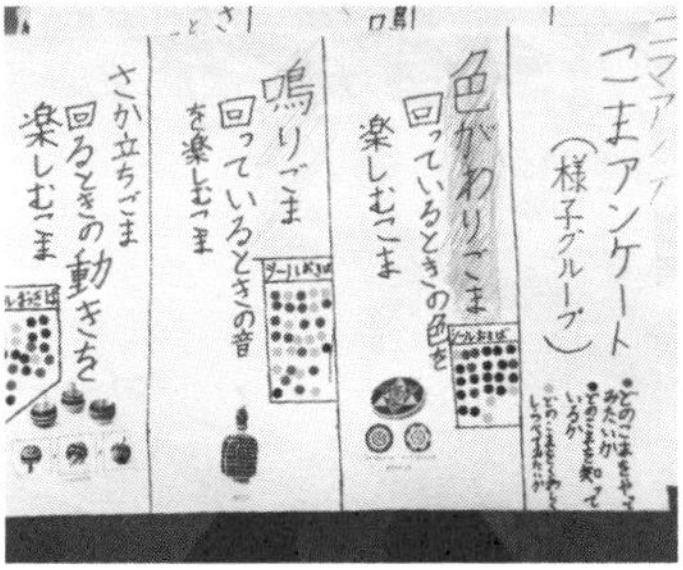

をします。これは「言葉で遊ぼう」の第二時と同じ要領です。「すごいと思われるものが後に出てきている」と考えている班は、「このこまは～というこまです。このこまは～……さて、この中で、あなたが一番『すごいな!』と思ったこまはどれですか?」といった具合です。こうして集めたデータをさらに班で分析し、感想を書いて終了です。

子ども達は「やっぱり私たちと同じように、ずぐりをすごいと思った人が多かった!」とか「最初の色がわりこまは知っている人が多かった!」などと予想が当たっていたとする記述や、「鳴りごまよりも逆立ちごまの方が知っている人が多くて、意外だった。でもよく考えてみたら、○○小学校(自分の学校名)では生活科で逆立ちごまのことを勉強するから知っている人が多かったのかな。○○小学校バージョンの説明文にするなら、鳴りごまと逆立ちごまの順番は逆でもいいかな。」などと、調査結果の分析をして、読者の特性に合わせて順序を変えてもいいのではないか、と書き手の視点に立っている記述も見られました。

○第六時　事例の分類について考える

事例の順序の次は、事例の分類について少しこの教材で触れておくとよいでしょう。事例列挙型説明文の事例の出され方について検討するには、主に三パターンあります。

一つがこれまで何度も紹介してきている事例の順序、二つめが事例の分類、最後が事例の選択です。この三つに系統性などはないと考えています。教材の特性に応じて柔軟に扱っていくべきです。

例えば、子ども達がそのテーマについて既有知識がたくさんあれば、「なぜ他の事例は出さなかったのか」など筆者の事例の選択について考えることができるはずです。しかし、「こまを楽しむ」ではメインテーマのこまについて子ども達はあまり既有知識がないはずです。その中で、「なぜ他の事例は出さなかったのか」と考えるのは無理があります。

一方、事例の順序はどのテーマの事例列挙型説明文でも考えることができます。事例が列挙され並べられているのが事例列挙型説明文なので、どの説明文を読んでも「なぜこの事例の順序なのだろう」と考えるのは自然だからです。そういう意味では「事例の順序」の検討は一番潰しのきく事例の出され方の検討と言えるでしょう。

事例の分類については、事例を分類している事例列挙型説明文であれば扱うことができます。「言葉で遊ぼう」ではそれがされていないので扱うことができませんが、「こまを楽しむ」では、少しそれがされているので、ここで簡単に触れておくとよいでしょう。というのも、次の「すがたをかえる大豆」ではしっかり事例の分類がされているので、そちらでメインで扱うことにしつつ、「こまを楽しむ」の方でも少し触れておけば、「すがたをかえる大豆」のときに、子ども達も考えやすくなるからです。

筆者は最終段落にて「回る様子や回し方で……」と述べており、事例六つのうち前半三つが前者に、後半三つが後者に当たります。「すがたをかえる大豆」ほど明確に分類について述べていないので、少し難しいかもしれませんが、一旦子ども達に考えさせてから、筆者の「回る様子や回し方で……」という記述を確認し、事例が多くなってくるとこのように分類した方が分かりやすくなることを指導しておくとよいでしょう。

話すこと・聞くこと
書くこと
読むこと
ことば［知識・技能］

〇第七・八時　学習のまとめをする

ここでは、選択式の学習のまとめをします。次の三つの課題から選びます。

①説明文に出てこないこまを自分で調べてそのこまを説明する文章を書き、それが説明文のどの順序に入るかを説明する。

「こま」というテーマに惹かれた子達に向けた課題です。事例の順序について説明させることがポイントです。

②説明の順序に考えながら事例列挙型説明文を書く

テーマである「こま」よりも、事例の順序や事例の分類といった書かれ方に惹かれた子達が選ぶものです。いきなり書かせるのは難しいので、次ページの写真のような表をつくらせてから書かせると、驚くほど誰でも書くことができます。

③筆者の安藤さんへ手紙を書く。（分かりやすかったところをメインに、直した方がいいと思ったことも一つは書いてよい）

筆者の安藤さんに向けて、「手紙」という形で、この説明文の分かりやすかったところについてまとめる学習です。直した方がいいということも「一つ」書いてよいとしています。「一つ」にするのは、ダメ出しばかりする傲慢な読者になっ

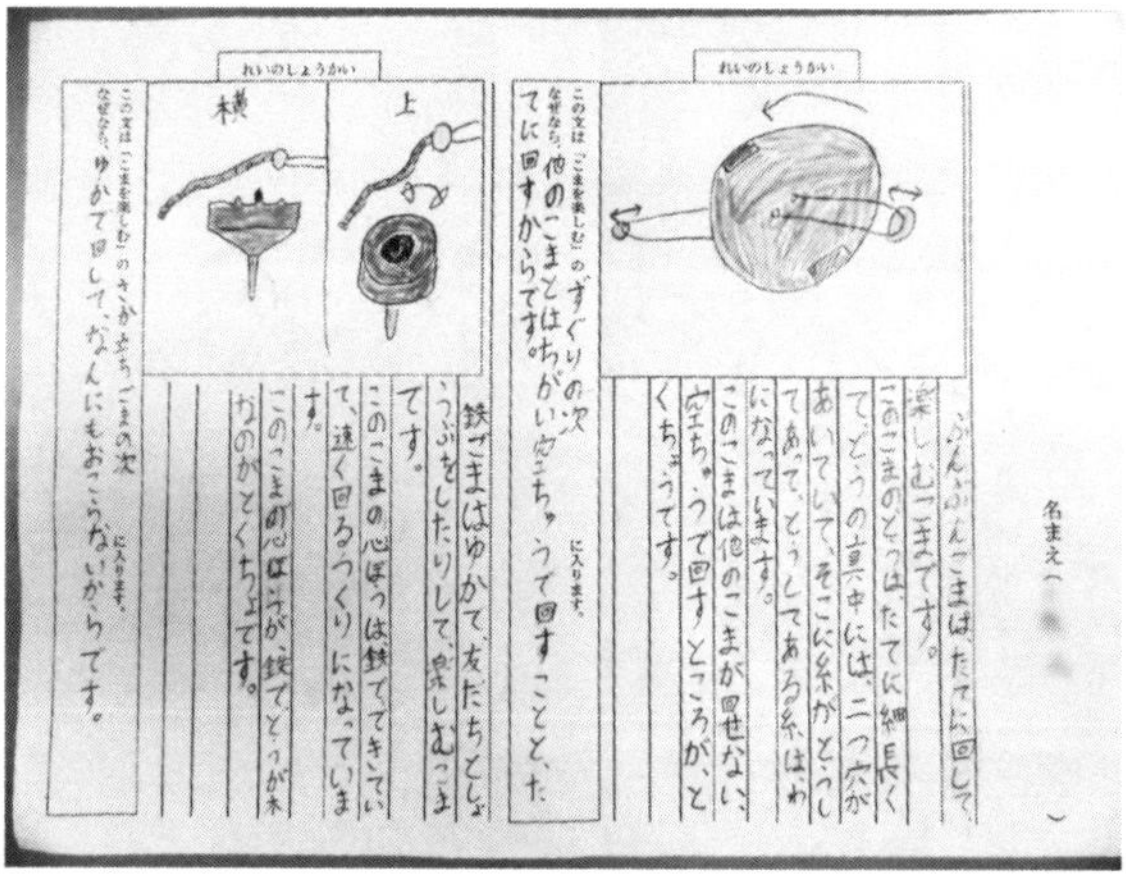

てほしくないからです。基本的には、この説明文はいろいろな工夫がされていて分かりやすい、というスタンスで書かせるのがポイントです。そうでないと、きちんとよさを分かっていないのに揚げ足取りばかりするようになってしまいます。それは間違った「批判的」です。③は少し高度なので、子どもの実態に合わせて行ってください。私のクラスでは、子ども達から、「どうしても安藤さんにこのアンケート結果を伝えたい！」というような子どもからの要望があったので、このような形をとりました。

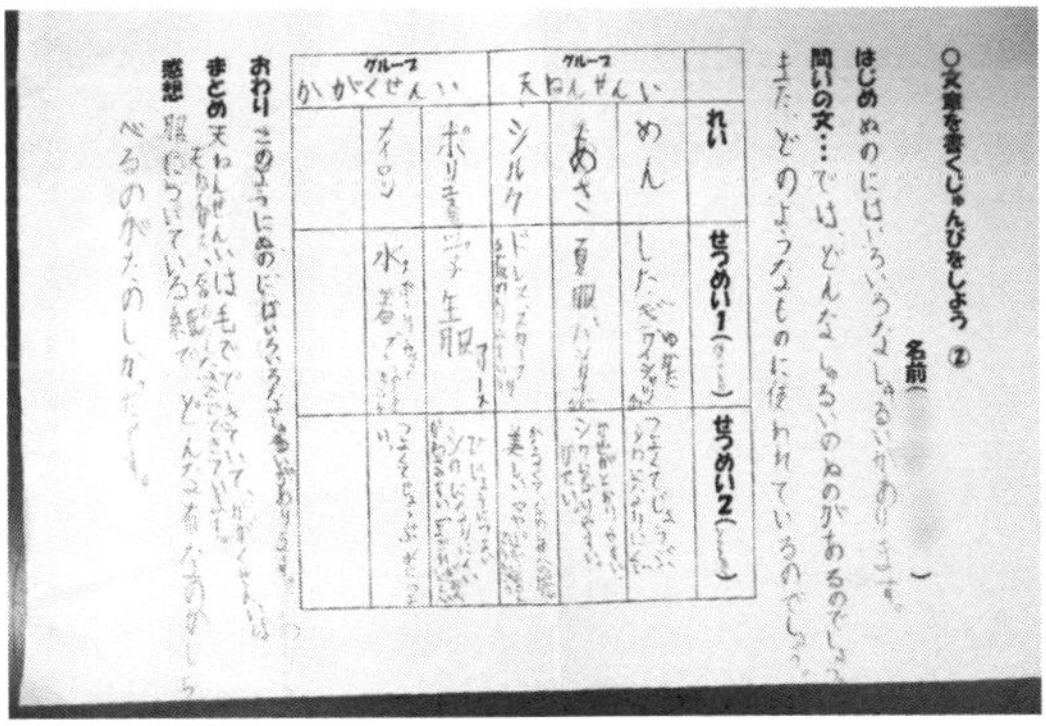

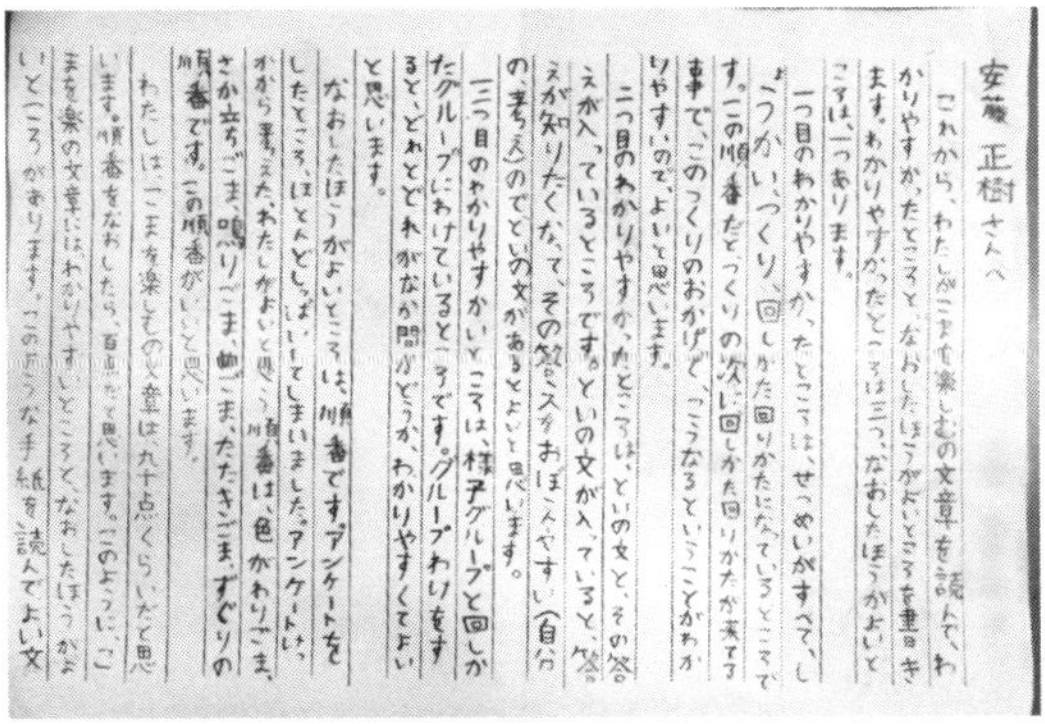

②「すがたをかえる大豆」の指導

○単元の流れ　（　）内は主な発問

①題名読み、知っている大豆食品を出し合う、初め・中・終わりを確かめる。（この題名からどん

な問いの文が出てきそう?）（みんなが知っている大豆食品は?）
②問いの文をつくることで文章の大体を把握する。（問いが出てこなかったのでつくってみよう。）
③④事例の順序や分類について読み取る。（事例はどんな順序で並べられているのか。）（チーム分けについて考えよう。）
⑤⑥筆者の事例の選択について考える。（豆乳はなぜ入れなかったのか。）（油揚げはなぜ入れなかったのか。）
⑦〜⑪事例の順序・分類・選択に気を付けて説明文を書き、読み合う。

○単元のねらい

・段落相互の関係に着目しながら、考えとそれを支える理由や事例との関係などについて考えることができる。
・スラスラと音読することができる。
・事例の順序や事例の選択、事例の分類について自分の言葉で説明することができる。また、自分の書いた説明文の事例の順序の意図について説明できる。

○第一時　題名読みをする

本教材も題名読みから入ります。ここでは、題名から問いの文を予想する、という活動を行いました。そこで、大豆食品に触れた意見が出されたので、つなげて「みんなはどんな大豆食品を知っている？」と聞き、子ども達が知っている大豆食品を出させました。

これらはすべて今後の展開につなげるための布石です。問いを予想させるのも、初読した後文中に問いがなかったことに気づかせ、次の時間に自分たちで問いをつくることにつなげるためですし、知っている大豆食品を出させるのも、第五・六時の事例の選択について考えさせるためです。

第一時は、子ども達の率直な感想を出させつつ、今後の布石を着実に打つのが大切です。

○第二時　問いの文をつくる

前時に、問いの文をつくってから初読をすると、必ず「問いがなかった！」ということに気づくことができます。中には「なんだか分かりますか。」というのが問いだと言う子もいるので、もう一度問いの文について確認するとよいです。

その後、「問いがなかったので、みんなでつくってみましょう。」と促します。この活動を通して、子ども達は文章内容の大体を掴むことができます。先述のように、問いの文は、題名の次に抽象度の高い「文章内容」だからです。ここで子ども達から複数の意見が出されるので、その後は、どれが一番ふさわしいかという話し合いをします。

そこで、「筆者がくふうという言葉をたくさん使っていて、この言葉

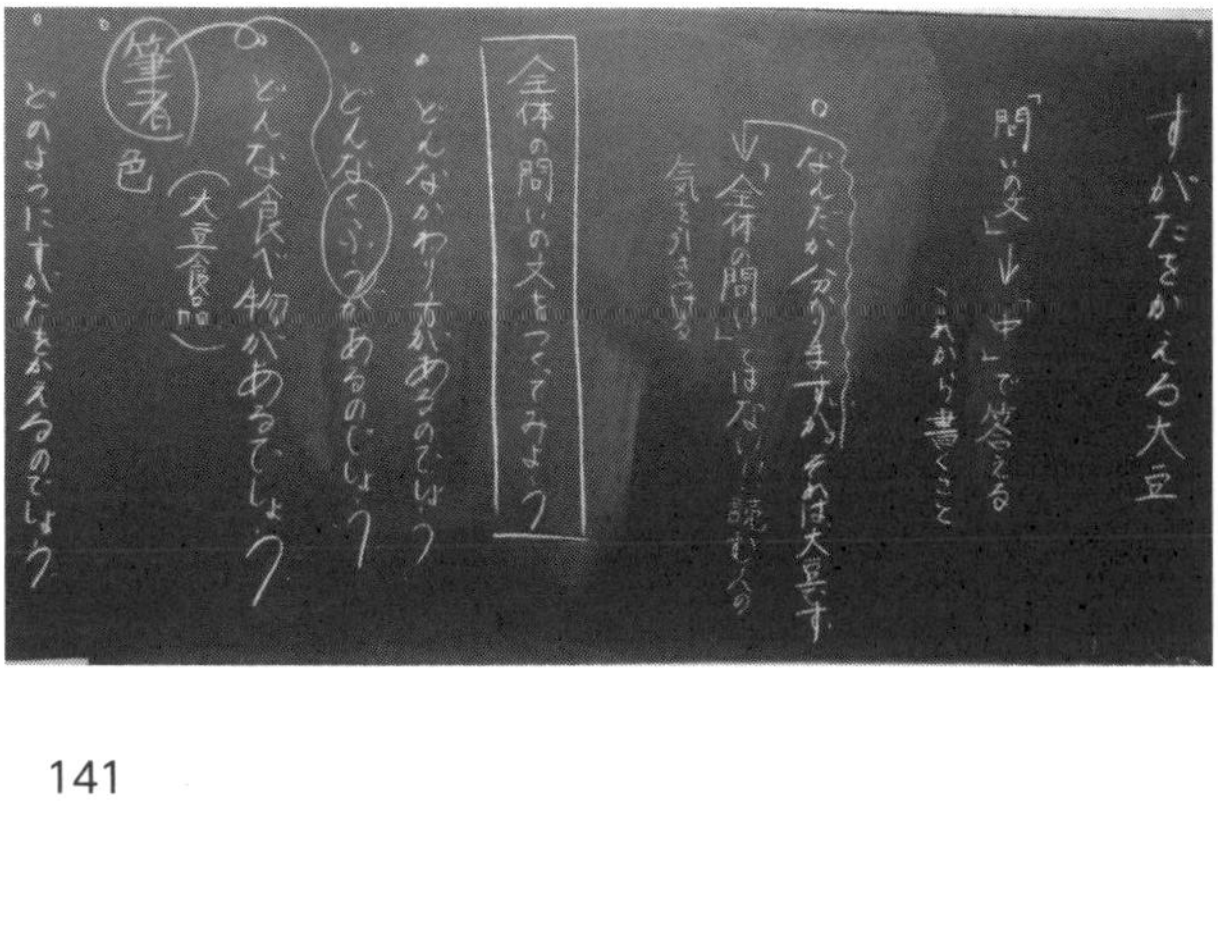

を使った方がいいと思う。」という意見が出てくるはずです。その流れで、筆者がどういうことを伝えたかったのか、つまり筆者の主張をあらかた掴んでおくとよいでしょう。子ども達の実態から、問いをつくらせるのが難しいのであれば、教師が選択肢を用意し、その中から理由とともに選ばせるとよいでしょう。それでも十分話し合いになります。

○第三・四時　事例の順序や分類について考える

「すがたをかえる大豆」の特徴は、事例の順序に気を付けて書かれていることに加えて、たくさんの事例を分類していることです。これらをしっかり確認していきます。

事例の順序、事例の分類については、前教材にて既習となっていますから、少し思い出させた後、すぐに考えをノートに書かせていきます。既習事項ですから、自分一人でスラスラとノートに考えを書けることを求めていかなくてはいけません。

堀（2016）では、帰納的指導と演繹的指導とを分けて考えることが提案されていますが、私はこの考えに賛成です。前者は、活動させてみてから気づかせる指導です。私の実践でいうと「こまを楽しむ」にて、アンケート用紙をつくらせてみてから、中心文の存在に気づかせるような指導です。

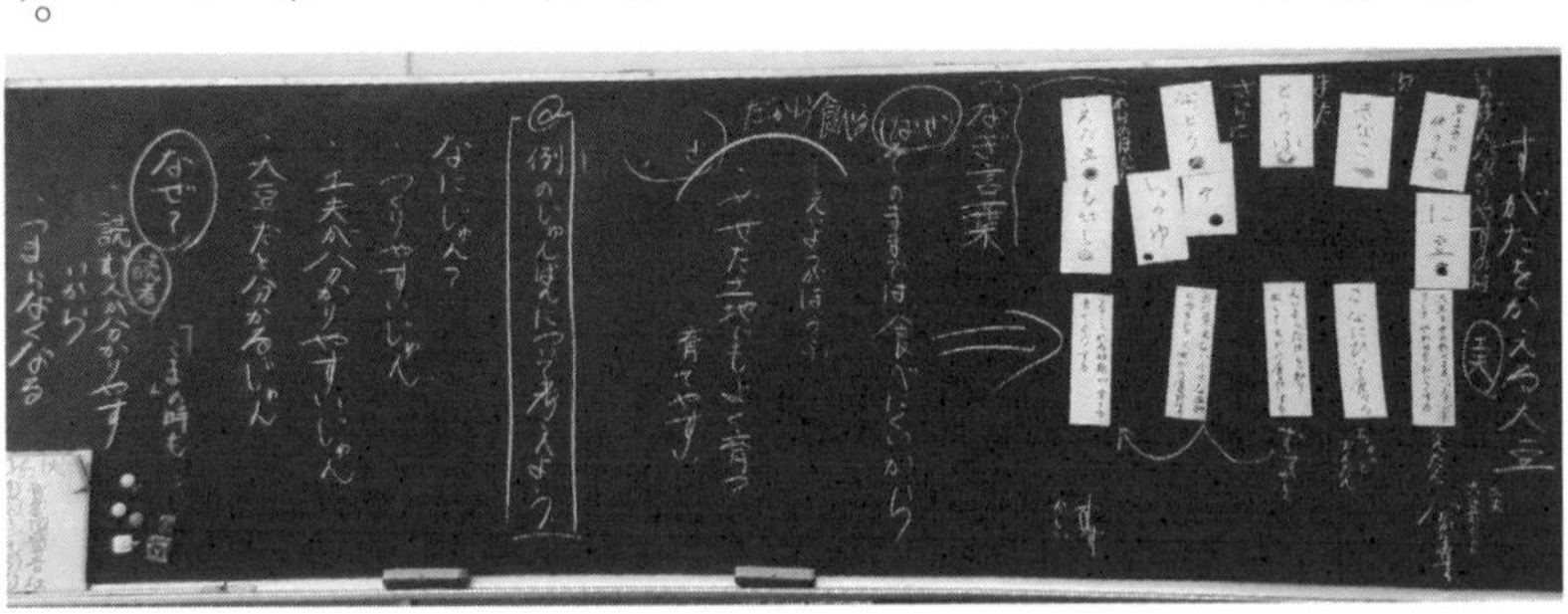

初めて指導する内容のときに適しています。一方後者は、指導事項を先に想起させたり教えたりしてから、それを実際にやらせてみる指導です。既に教えたことをもう一度やらせてみて、習熟を図るのに適しています。今回の場合は、事例の順序、事例の分類どちらも既習ですから、私は全体で少し確認した後、一人一人にすぐ考えさせる、つまり取り組ませた方がよいと思います。その方が習熟が図れるからです。

　事例の分類については先の板書右側の表のように表すとよいでしょう。「チーム」や「グループ」など事例のひとまとまりに子ども達と一緒に名前をつけてもよいでしょう。また、先述のようにこの構成は、何度も何度も繰り返し尋ね、子ども達が全員手を挙げて立候補できるまで徹底指導していきます。なので、札をつくっておくとよいでしょう。

　事例の順序は板書左側のように、考えを出させていきます。その後、「なぜそのような順序の工夫をしたのか」まで考えさせましょう。

○第五・六時　事例の選択について考える

　ここでは、初出である「事例の選択」について考えていきます。

まず、授業冒頭では、事例の構造を確認します。ここでは、全員の手が挙がるようにしていきたいです。「どんな事例が出てきたか覚えている人？」と尋ね、子どもに言わせていきます。事例が出きったら、今度は分類を確認していきます。「どんなグループ分けをしていたかな。」「どんなチームに分けていたかな。」「どんな工夫に分けていたっけ。」など、子ども達と共有している言葉で事例の分類を確認していきます。

その後、「この文章を読む前に、みんなが知っている大豆食品を出してもらったのを覚えている?」と尋ねます。続けて「実は、先生はあることに気が付いたのです。みんなが知っている大豆食品の中に、この説明文に登場していないものがあるのです。」と言って、「豆乳」や「油揚げ」を提示します。すると子ども達は「あー! たしかに出てきていない! なんでだろう。」と自然に疑問を持ちます。そこで私は「筆者は、きっと豆乳が大豆からできているって知らなかったんだね。」とゆさぶります。すると子どもは「絶対知っているよ! だって、ここに国分さんはダイズやイネの研究をしているって書いてあるもん。」と否定してきます。そうしたら他の子が「ということは、わざと書かなかったってこと?」と気づきます。

ここまでをしっかり押さえたうえで、「豆乳を外した国分さんに賛成かな?」と尋ねたり、「油揚げを外した国分さんに賛成かな?」と尋ねたりして考えさせます。どちらの時間も、「考えるうえで何か必要な情報はありますか。先生に聞きたいことはありますか。」と尋ねると、子どもから「豆乳って大豆からどうやってつくるのですか。」などと聞いてきます。こういう質問をおおいに価値づけて、教えるまたは端末で調べさせるなどしてから考えさせるようにしましょう。最初から「豆乳はこうやってつくられるよ。」と教えるよりもその方がよいです。

この学習を通して、子ども達は、豆乳や油揚げを外したのには理由があること、筆者は事例を選択しているということに気づくことができます。豆乳は他の食品に比べると知名度が少し落ちますし、食品というより飲料です。積極的に飲まれ始めたのは最近なので、筆者の主張である「昔の人々のちえにおどろかされます。」というところに少しフィットしません。油揚げは、豆腐がさらに姿を変えたものであり、これを入れると他の多くの食品も入れなくてはなりません。私のクラスでは、「油揚げを入れてしまうと、例えば醤油を使った料理とかも入れなくてはいけなくなる。」と主張した子がいて、他の子は「あー！　なるほど！」と心から納得していました。

　こうして議論させると、ほとんどの子は筆者の選択は正しく、よく考えられているなぁと思うようになります。なので、本時のまとめは国分さんになりきって「私が○○を事例から外した理由はね……」と説明させる文を書かせます。「いや、僕は絶対に油揚げを入れた方がいいと思う。」と最後まで主張する子には、実際に文章を書き換えさせてみます。私のクラスにもそういう子がいました。その子は家に帰ってから書き換えてみて、次の日の授業で、「やっぱり僕は国分さんが油揚げを外したのに賛成という考えになりました。昨日油揚げを豆腐のところに書き足してみたんですけど、ここだけすごく長くなってしまって、バランスが悪くなってしまいました。」と、事例同士の分量のバランスにも気づくことができていました。

　こうした議論や気づきは、子ども達が今後説明文を書くときに生かさ

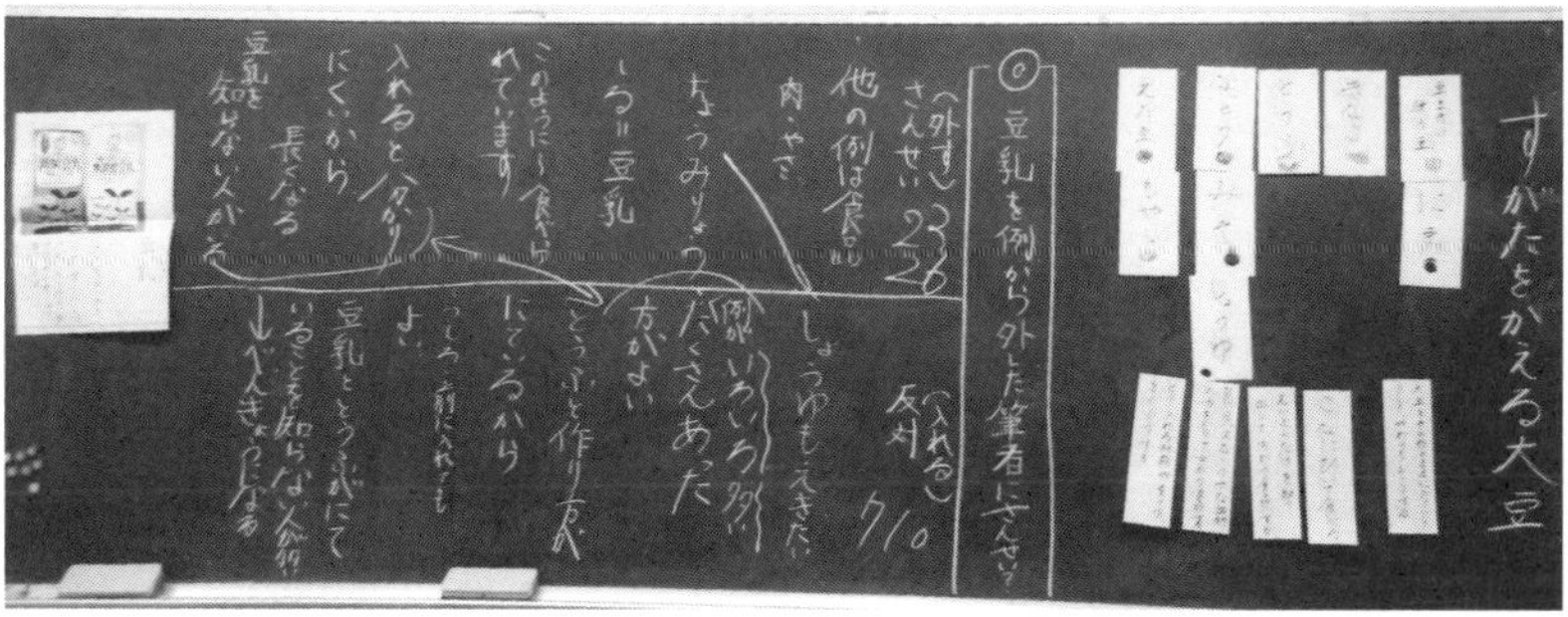

れます。

○第七～十一時　事例の順序・分類・選択に気を付けて説明文を書く

実はこの「すがたをかえる大豆」は低学年から学んできた事例列挙型説明文の最後であり、集大成です。そのため、「事例の検討」の三種すべてを扱うのです。

最後は、これらに気を付けながら説明文を書きます。「食品がすがたを変える」ということに興味を持っている子は教科書通り「すがたをかえる○○」で、そうでなくて書かれ方に注目し他のテーマで書きたいという子は自由テーマで書かせます。いずれのテーマでも、「こまを楽しむ」のときのように表に文章構成をメモさせてから書かせること、最後に「事例の順序、分類、選択」について説明をさせ、メタ認知を図ることは同じです。

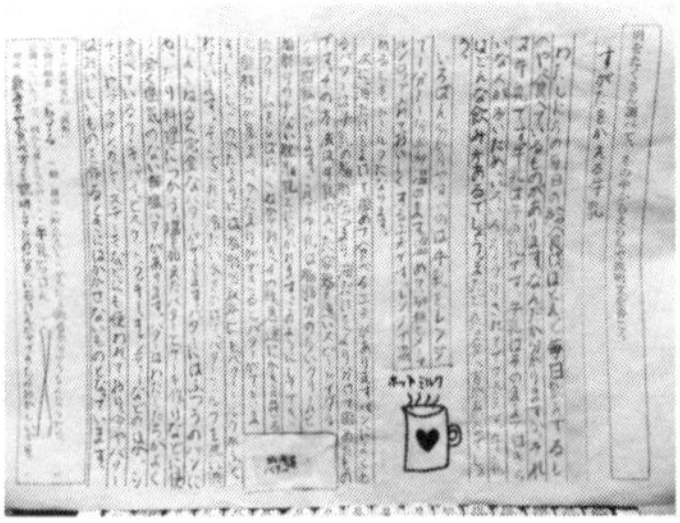

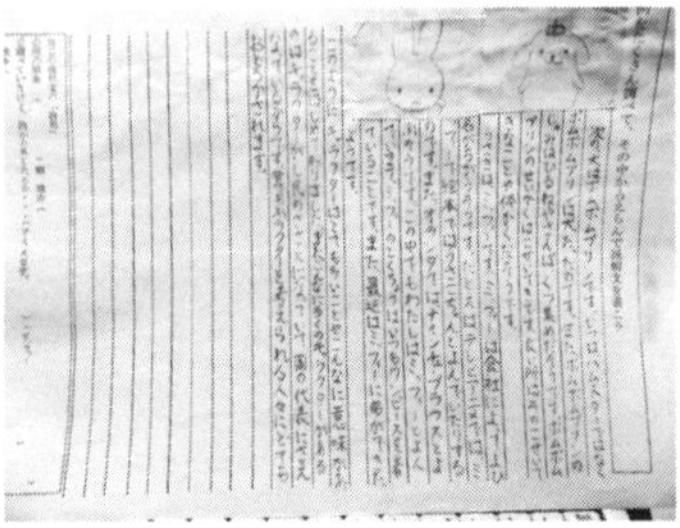

③「ありの行列」の指導

○単元の流れ　（　）内は主な発問

①題名読み、問いの文を予想する。（どんな問いの文が出てくるかな。）

②文章の大体を読み取る。（問いと答えを確認しよう。）（初め・中・終わりに分けよう。）

③④二つの実験と一つの研究について読み取る。（ウイルソンさんは大きく分けていくつのことをしたかな。）（順番は入れ替えてもよい？）（ウイルソンさんが一番驚いたことは？）

⑤ありが行列をつくるまでの劇をつくる。（「間違い」を一つ入れよう。）

⑥説明に足りないところはないか考える。（本当にこの二つの実験と一つの研究で「答え」を言えるか。）

⑦⑧理科で学んだことを説明する文章を書く。（こういう風に、実験をして考えて事実を突き止めるみたいなの、みんな普段勉強していない？）

○単元のねらい

・スラスラと音読することができる。

・段落相互の関係に着目しながら、考えとそれを支える理由や事例との関係などについて考えることができる。

○第一時　題名読み・問いの文を予想する

ここでも題名読みを行います。題名から問いの文を予想させると、必ず「なぜ、ありの行列ができるのでしょうか。」という本文の問いに近いものが出されます。それを活用して、子ども達に「ありの行列を見たことがあるか。」とか「どうやって行列をつくっているのだろうか。」と尋ね、考えさせてから初読に入ると、よりスムーズでしょう。

○第二時　文章の大体を読み取る

ここでは文章の大体を読み取ります。問いが冒頭に、答えが終わりに書かれているので、文章の大体を「問いと答え」を中心に確認していくとよいでしょう。ここで、問いと答えの間に大きなギャップがあることを確認し、中で答えが言える理由を説明しているということを押さえておきます。また、初め・中・終わりに分けさせることで、筆者である大滝さんがウイルソンさんの実験研究を紹介していることにも気づかせていきたいところです。今までの説明文と違うところだからです。

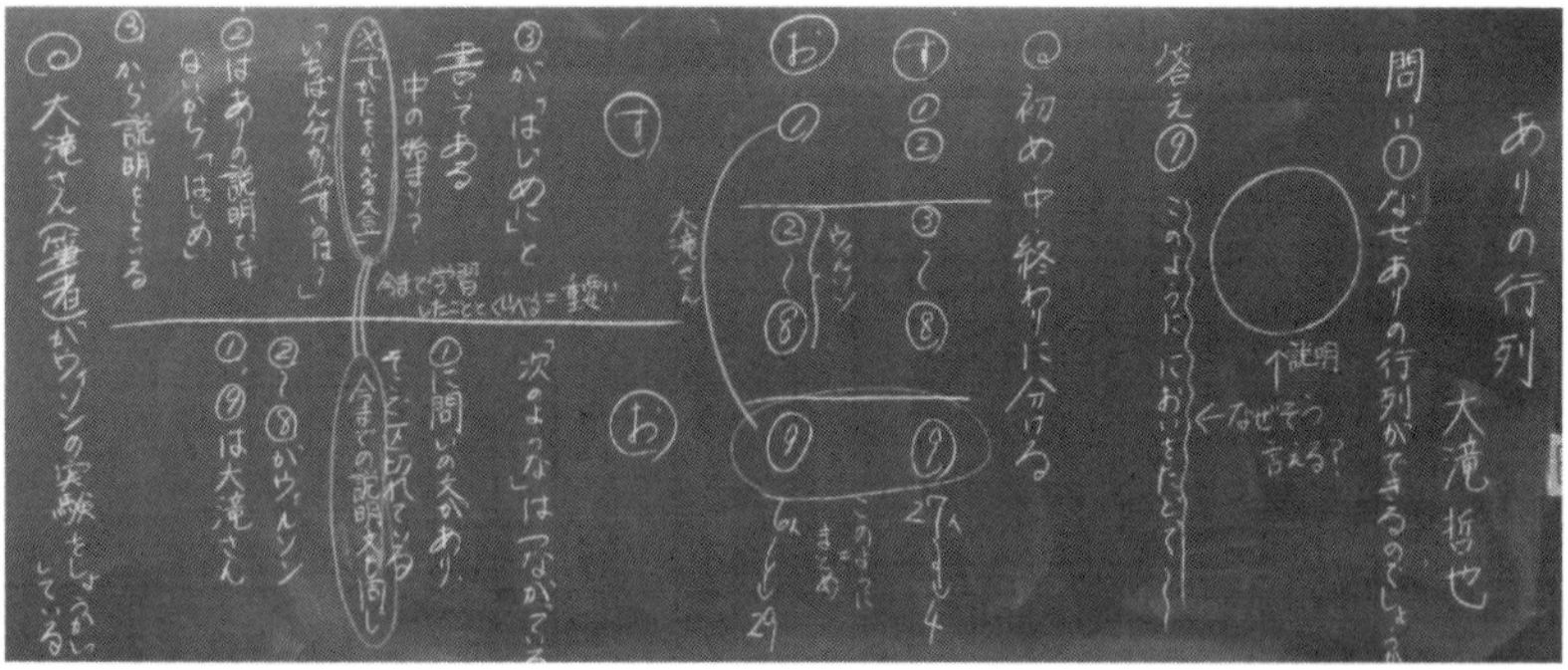

○第三・四時　二つの実験と一つの研究について読み取る

ここでは、「中」の説明を細かく読み取っていきます。

まず、「ウイルソンさんはいくつのことをしたか。」と発問し、「中」の大枠を捉えます。二つの実験を行い、そのうえで研究を進めていったということを押さえます。

そして、「大きく分けて三つだけれど、これらは順序は入れ替えてもよい?」とか「『すがたをかえる大豆』のように、分かりやすい実験から書かれているんだよね?」などとゆさぶり発問をして、この説明文は事例列挙型説明文とは違い、事例同士が「つながって」おり、そのつながり自体が重要だということを押さえます。この説明文は事例列挙型説明文ではなく、長崎（1992）の分類でいえば立証型の説明文に当たります。一つの論を順を追って立証していくので、実験と実験との「つながり」を読み取ることが重要となってくるのです。

最後に、実験1、2の研究の内容とその結果を確かめていきます。このとき、実験1の内容はすぐに出されても、結果はいくつか出される場合があります。例えば実験1の内容は「ありの巣から少しはなれた所にさとうをおいた」ということで一致しますが、結果は「一ぴきのありがさとうを見つけた」「たくさんのありが出てきて列を作った」「行列ははじめのありが巣に帰るときに通った道すじから外れていなかった」などが出てくることがあります。そういうときは、「この三つの結果の中で、ウイルソンさんが一番驚いたり感心したりしたのはどれ?」と聞くとよいです。すると必ず最後の「列が道すじから外れていなかったこと」が出されます。理由として、「これに感心したから、次の実験でその道すじに石をおいてみたのだと思う。」など、実験と実験との「つながり」に注目した意見が出てきます。そういった意見をおおいに価値づけて、「この実験のこの結果が、次の実験につながっているんだね。」とまとめて意識づけさせることが、こういった立証型説明文を読むうえで重要となってきます。

○第五時　ありが行列をつくるまでの劇をつくる

この「ありの行列」の文章内容の読み取りの最後は、劇がおススメです。「説明文の学習で劇？」と思われる方もいらっしゃるでしょうが、子ども達がしっかり文章内容を理解していないと劇にすることはできません。文章を読みイメージさせることにつながるので有効です。

準備するものは「はたらきあり」「においのするえき」「えさ」などと書かれた物です。これらを駆使して、ありがえさを見つけて行列をつくるまでの劇を班で協力してつくるのです。子ども達は大盛り上がりしつつ、教科書をしっかり読み込みます。「ナレーターをつけよう」「途中で石でさえぎるところもやってみよう」などと工夫を考える班もあります。写真は、ナレーター役の子が石になったところ（笑）、えさを見つけたはたらきありがにおいのするえきを出して道をつくっているところです。

できる班には、「見ている人が気づくか、間違いを一つ入れてごらん。」と投げかけます。劇を見ている班も、血眼になって間違いを探します。「ありは目

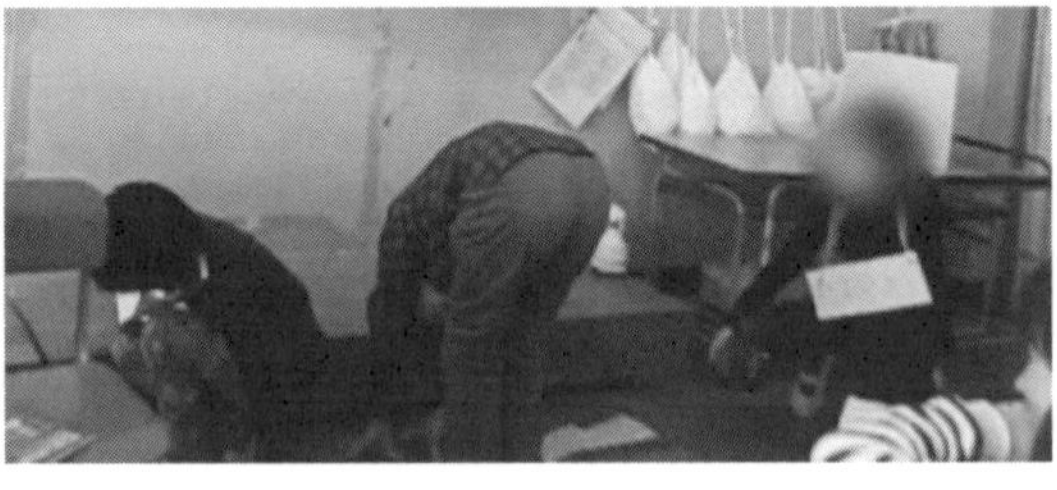

が見えないはずです！」など厳しい指摘が飛び交います。

○第六時　説明に足りないところはないか考える

立証型説明文を読むうえで、実験と実験とのつながりを読み取っていくことと、筆者の説明する実験と研究だけで、筆者が言う「答え」を本当に言えるかどうかを確かめる読みもできればさせていきたいものです。本当にこれらのデータで、自分の主張は言えるのか、ということを確かめること、つまり自分が立証型説明文を書くときに重要な力もつくからです。しかし、3年生にはやや難しいので、子ども達の実態に合わせて行います。場合によっては「中」の実験間のつながりの読み取りにさらに時間を使って、この学習は略すのもよいでしょう。

○第七・八時　理科で実験したことを説明文に書く

この教材においても、説明文を書くことを視野に入れて指導してきました。実験の内容を読み取るだけでなく、「つながり」に注目したり、本当に「答え」が言えるかを考えたりしてきました。

最後の学習のまとめも、文章を書かせます。子ども達に「ありの行列のように、実験しながら一つの事実を突き止めるような学習、今までし

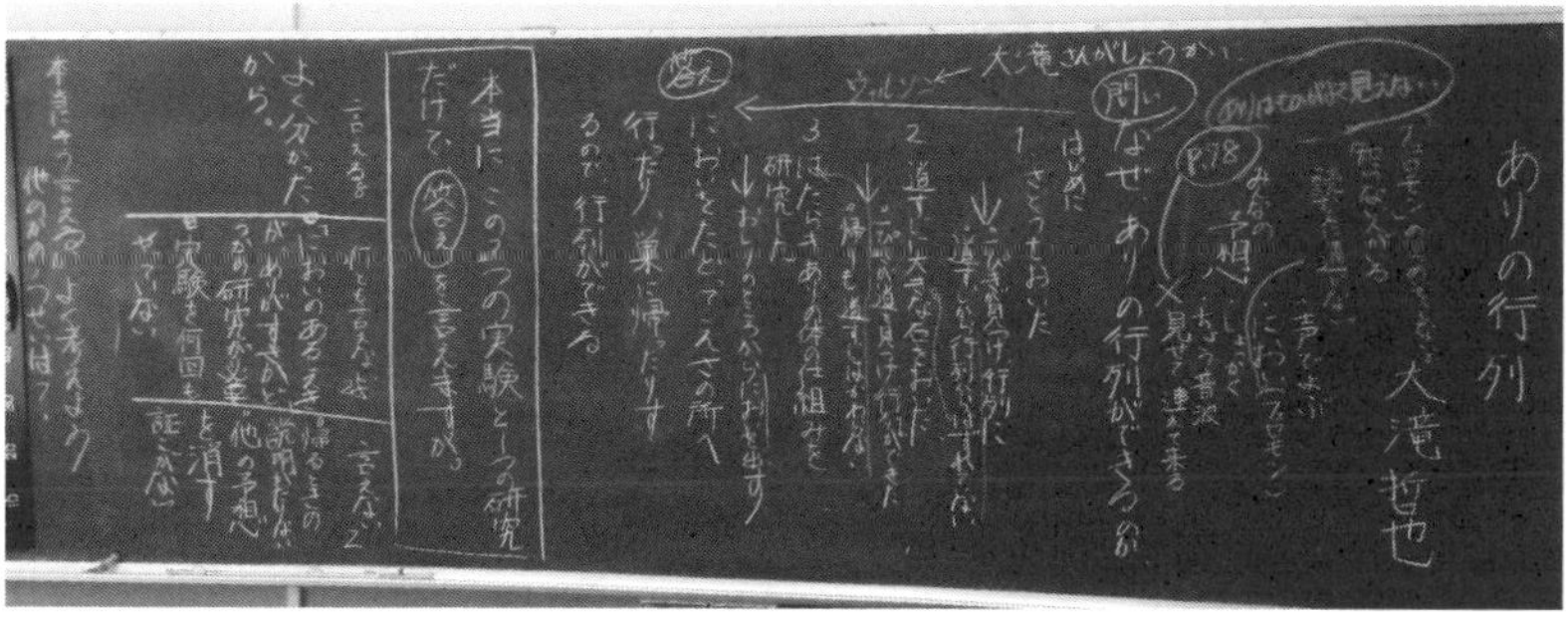

てきたよね。」と尋ねます。はじめ、子ども達は迷いますが、「あ！　理科だ！」と気づきます。この「ありの行列」の文章構成が、今までしてきた理科の学習とおおいに重なることを、実際の理科の板書を再現しながら、捉えさせていきます。その後、子ども達に、自分の理科のノートを広げさせ、「どの学習を説明文に書いてみたい？」と尋ね、選ばせて書かせます。理科の教科書やノートを眺めながら「これも書いてみたい！」と、二枚、三枚と書く子も少なからずいました。このようにして、理科的な文章の書き方を習得させていくのも重要だと思います。

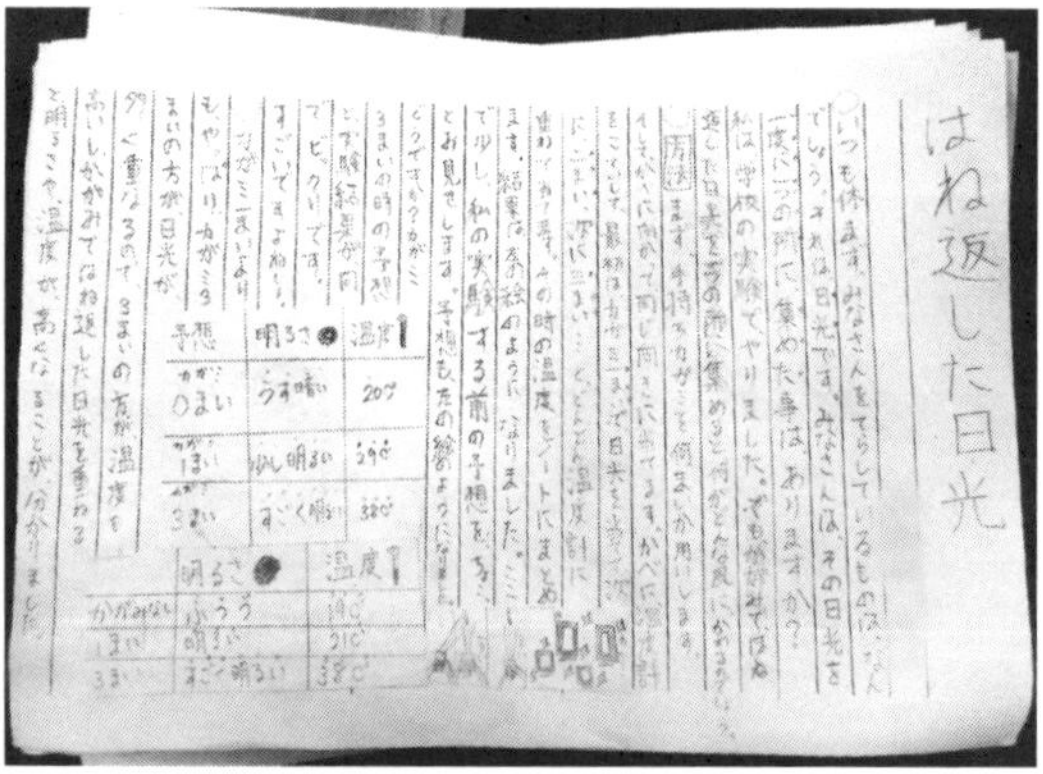

第4章

ことば［知識・技能］の指導

漢字や語彙を増やす指導は、短時間学習活動として繰り返し取り組むこともでき、子どもも達成感を得やすいので非常に重要です。

小単元等で一度教えたら終わり、ではなく毎時間の国語の授業の冒頭三〜五分に取り入れるなど、帯活動として繰り返し指導していくとよいでしょう。

1 漢字指導

(1) 漢字指導は「読み」から―漢字ドリル音読―

↓資料編177ページへ

漢字指導は、いきなり書かせず「読み」から定着させていきましょう。

漢字の読みを定着させるために有効なのが、漢字ドリルを高速で音読する活動「漢字ドリル音読」です。これは『1年生国語』『2年生国語』でもご紹介しました。何年生でも使える学習活動です。

実は、新出漢字の読みの部分だけを音読していく、というのは私が3年生を担任したときにアレンジしたものです。それまでは、読みだけでなく例文などすべてを読ませていましたが、3年生の二〇〇字という多さではダレてしまうのです。そこで、はじめは例文や熟語は読ませず漢字の読みだけを読ませるようにしたら、子ども達も熱中するようになりました。

3年生は持ち前のエネルギーで何度も取り組み、クラス全員が暗記していました。

（2）漢字ドリルの進め方

漢字ドリル音読で読みを徹底しつつ、並行して漢字ドリルの書きの練習も進めていきます。

勘違いしている人が多くいますが、漢字ドリルにしっかり取り組めば、漢字練習ノートに何度も書かなくても、多くの子は漢字を覚えられます。なので、きちんと漢字ドリルに取り組みましょう。

私は、漢字ドリルを子ども達のペースで進めさせています。やる気のある子はどんどん先に進めていいということです。子ども達にこのことを伝えると、嬉々として休み時間まで取り組むこともあります。ただし、チェックを厳しく1ページごとに入れることが必要です。野放しにするということではないのでご注意を。

〈漢字ドリルの進め方〉（新出漢字）

①音読三回。（読み、文例、熟語）
②書き順の声を出しながら、「大きな漢字」を指なぞり三回。（「指なぞり」）
③書き順の声を出しながら、「1、1、2、1、2、3……」と一画目に戻りながら「大きな漢字」を指なぞり三回。（「書き順練習指なぞり」）
④書き順の声を出しながら、空書き三回。（「空書き」）
⑤1ミリもはみ出さずに鉛筆でなぞる。（「鉛筆なぞり」）
⑥丁寧に鉛筆ですべてのマスを埋める。（「鉛筆書き」）

⑦1ページできたら、教師に見せ、チェックを受ける。

教師がチェックを入れるときは、厳しく入れます。いい加減にやっていたらすべてやり直しにします。(もちろん、個別の配慮が必要な子はいるのでその場合は別です。) 書かれている字が丁寧であれば、そのページの中から、一つ問題を出し、空書きさせます。それが合格なら、初めてそのページを合格、ということになり、私がそのページにサインを入れます。

このようにドリルを進めさせ、全体には「〇月〇日までに一冊すべて合格すること」と期限を設けます。つまり、「〇月〇日」までの、期限の長い宿題、ということです。3年生でもこのシステムで十分行えますが、当然あまり進まない子も出てきます。進度の差がとても気になるようでしたら、「〇月〇日までに〇ページまで合格すること」など細かく期限を設定するのもよいでしょう。

なお、漢字指導に関してあまり紙幅を割けず、詳細を書けなかったので、詳しく知りたい方は拙著『漢字指導法』や『漢字指導の新常識』(学陽書房) をご参照ください。

(3) 効果絶大！「漢字一周」

漢字ドリルが終わった子は、「漢字一周」に取り組みます。

やり方は簡単で、漢字ドリル一冊に入っている漢字を漢字ドリルに書かれている順に一つずつノートに書いてくるだけです。送り仮名も書かなくていいので、大体1ページから1ページ半くらいで終わります。ドリルをすべて合格した子から、毎日、「一日一周以上」取り組ませます。

二〇〇字もある3年生の漢字ですが、しっかり定着させるには反復は欠かせません。かといって、一文字を何回も書かせていると一周するころには何か月も経っており、最初の方に練習した漢字は忘れてしまいます。ですから、「一日一周以上」なのです。既にドリルで学習した漢字ですから、それなりには書けると思いますが、この「漢字一周」にしっかり取り組めば、ほとんどの子は抜き打ちでもしっかり書けるようになります。一日に一回ですが、毎日触れることは効果絶大なのです。

(4) 子ども達が大盛り上がり！―漢字サバイバル―

↓資料編176ページへ

3年生の子ども達が大盛り上がりし、さらに漢字を定着させていくには、「漢字サバイバル」がピッタリです。大きな声で「1、2、3！」と空書きさせると、クラスの窓がビリビリします。子ども達のエネルギーもよい方向へ発散させることができます。活動の詳細は資料編をご覧ください。

(5) 漢字小テストで漢字を使う力を育てる

おススメの漢字小テストのやり方を紹介します。小テストには、全員が漢字ドリルを終えてから取り組みます。期限前に終えた子には、漢字ドリルに漢字練習をしてくることを宿題として課しておくとよいでしょう。この方法は、空欄を埋めた子から、その周りに他用例を書き込んでいく、「他用例書き込み」という実践です。書き込んだ他用例は、一つにつき一点が追加点として与えられます。

この方法を導入すると、漢字小テストの「上限」が一〇〇点ではなくなり、子ども達が漢字を書けるようになるだけで満足せず、使い方をたくさん知ろうとするようになります。すると、子ども達の小テストに向けた漢字練習も変化していきます。最初は同じ漢字を機械的に何度も書いていたのが、言葉をたくさん集めるようになります。辞書を使ったり、お家の人に用例を尋ねたりして、語彙を増やそうとするのです。漢字の使い方をたくさん知っていることは、やがて漢字を使う力へとつながっていきます。本実践について詳しく知りたい方は拙論（2021）をご覧ください。

⑹ 普段のテストに＋αする

普段のテストもレベルアップしましょう。少しの工夫でレベルアップし、子ども達が熱中するようにできます。例えば、市販テストでも、「書ける漢字は直してごらん。」と伝えます。すると、今までは余裕で一番早く解き終えていた学習が得意な子が、一番遅くテストを終えることになります。この逆転現象がよいのです。クラスの漢字熱を高めるには、学習が得意な子を燃えさせることが重要です。

⑺ へんとつくりを活用する

漢字を定着させていくには、なるべく多くの文字（できれば漢字ドリル一冊分や3年生で学習するすべての漢字）に毎日触れることが大切だと述べました。それだけでも多くの子は年度の終わりにはほとんど書けるようになります。

また、「関連づける」ということをしていくと、さらに記憶が定着しやすくなります。3年生では、学習する「へんとつくり」を活用していくとよいでしょう。同じへんやつくりの入った漢字を集める活動をすると、子ども達は漢字を一つ一つ覚えるのではなく、関連づけて覚えることができます。

2 語彙指導―関連づけて語彙を増やす―

(1) 語彙を増やす活動「ことばネット」

→資料編178ページへ

子ども達の語彙を増やすのも、一つ一つをバラバラで覚えさせるのではなく、関連づけていくのがおススメです。語彙が増えると、書く文章の質がグッと高まります。表現力が豊かになるからです。

2年生で、類義語と対義語を学びます。言葉同士を関連づけるうえで重要なのが類義語と対義語なのです。資料編でご紹介している「ことばネット」は3年生以降でも十分使える活動です。

(2) 辞書は素早く引けるようにする

→資料編179ページへ

3年生では国語辞典を、4年生では漢字辞典を学習します。子ども達にどんどん使わせて慣れさせることが重要です。「端末があるのだからそれで調べればよいではないか」という方もいらっしゃいますが、私はやはり国語辞典は重要だと思います。

国語辞典は、ある語を調べていく最中に、他の語も目に入ってきます。その中で発見もあるでしょう。端末で調べた方が速いかもしれません。しかし、この「過程」はかなり重要だと考えます。子ども達に国語辞典に慣れさせていく活動は資料編をご覧ください。こうして慣れさせていき、常に辞書は机の横などに掛けさせておいて、分からない言葉があったらすぐに引かせるようにしましょう。

3 ローマ字の習得について

→資料編179-180ページへ

ＧＩＧＡスクール構想による1人1台端末が普及している現在（二〇二三年一月現在）、ローマ字の習得は非常に重要です。ローマ字を習得していればタイピングができますが、そうでないと手書きパッドに頼ることになるからです。このローマ字の習得も、小単元で少し扱っただけでは全員の子ども達はできるようにはなりません。繰り返し行いつつ、全員に習得させていきましょう。

なお、ローマ字は3年生の後半〜終盤に学習する場合が多いので、そのことを鑑みて、本書『3年生国語』では基本的に端末を使用しなくてもできる指導法をご紹介しました。

しかし、タイピングさえできれば、意見の交流や文章を書くときに端末がおおいに活躍することもあります。子ども達の実態に合わせて、端末を使用させるのももちろんよいと思います。ですが、私は、端末を使用しなくとも3年生は十分意見の交流もできるし、文章をきちっと書けると考えていますし、その実践の様子を本書ではお見せしてきたつもりです。無理に使わせて、国語科本来の使命である言葉の力の育成に影響が出るようであれば、3年生では無理に使用しなくともよいと考えます。

それでも、ローマ字は3年生のうちにしっかり全員に定着させて4年生に送った方がよいと思います。子ども達は、4年生以降、端末を使用しないということは絶対にあり得ないからです。

資料編

ACTIVITY
一覧

先生の指示や友達の話、聞けたかな？

［活動内容］

教師が出した指示や友達の話を子どもが言う。

［手順］

1　教師が指示を出す。はじめのうちは、「三つ話します。一つめは～」などと、ナンバリングしながら分かりやすく伝えるようにする。または、ある子に発言させる。

2　言い終わったら、「今先生が言った一つめを言える人？」や「今○○さんが言ったことを言える人？」と全体に尋ねる。

3　挙手している子を当て、言わせる。

［ポイント及び解説］

＊教師が指示したことを「言える人？」と尋ね再生させることで、「実質的な聞く力」を育てます。指示のたびに毎回行うわけにはいきませんが、いくつか話をして、それを確実に行動してもらいたいときなどには、指示の「確認」にもなるのでおススメです。

＊はじめのうちは、練習として「好きな食べ物」「好きなスポーツ」「好きな教科」などを取り立てて言わせ、再生させるとよいでしょう。この場合、子ども達は構えてしっかり聞いているので、ほとんど全員が手を挙げるはずです。

＊友達の話を再生させる場合も、はじめのうちは、練習として「好きな食べ物」「好きなスポーツ」「好きな教科」などを取り立てて言わせ、再生させるとよいでしょう。この場合、子ども達は構えてしっかり聞いているので、ほとんど全員が手を挙げるはずです。

＊しっかり聞いていたのに挙手しない子もいます。そういう場合、「しっかり聞いていた子は、言えるはずです。手が挙がらない子は聞いていなかったのかな。」と尋ねるなどして、「自分の口で言える」ということが話をしっかり聞いていたということなのだと分からせる指導を根気強くしていきます。

校長先生のお話、聞けたかな?

【活動内容】

校長先生のお話を思い出して話す。

【手順】

1 朝会の後、教室に戻ってきて席に座らせる。
2 「校長先生はどんなお話をしましたか。少しでも言える人?」と全体に尋ねる。
3 挙手した子を当て、言わせていく。

【ポイント及び解説】

*朝会の前に「後で聞くからね。」などと予告せず、予告なしで朝会後にいきなり聞きましょう。そうした方が、子どもは印象に残り、たとえ今回の話を覚えていなかったとしても、「次回はしっかり聞くぞ!」と決意するようになります。

*「少しでも言える人?」と尋ねるのがポイントです。おそらく校長先生はある程度の時間、まとまった量の話をするはずです。それを完璧に言うのは大人でもなかなか難しいことでしょう。ハードルが高くなりすぎて、挙手する子が増えません。「少しでも言える人?」と尋ねれば、「少しでもいいんだよ?」と発破をかけることもできます。

*尋ね方を変えると、育てたい「聞く力」もレベルアップを図れます。例えば「校長先生は一言でいうと何の話をしましたか。」と尋ねれば、3年生で重要な、聞いた話を要約する力を、「校長先生はいくつの話をしたか分かる人?」と尋ねれば、聞いた話を分類してまとめる力を育てることができます。「少しでも」をほとんど全員がクリアしているようなら積極的にチャレンジしましょう。

話・聞

今のお話、一言でいうとどんな話？

【活動内容】

聞いた話を要約する。

【手順】

1　一テーマの話をする。あるいは子どもにスピーチさせる。

2　「今のお話は一言でいうとどんな話ですか。言える人？」と尋ねる。

3　挙手した子を当て、言わせていく。

【ポイント及び解説】

＊聞いた話を単に再生させるのではなく、「一言で」と制限をつけてまとめさせる活動です。3年生では、要点を掴むことが重要となってきます。文章を読んだときだけでなく、話を聞いたときも「一言で」まとめられるように子ども達を育てていく必要があります。

話・聞

友達の話、どこがよかった？

【活動内容】

友達の話のよかったところを挙げさせる。

【手順】

1　ある子がよい話し方をしたとする。すかさず教師は「今の○○さんの話のよかったところはどこですか。」と全体に尋ねる。

2　挙手した子を当てて言わせていく。

3　もし教師がねらっていたものが子ども達から出されなければ、教える。

【ポイント及び解説】

＊ここでも、教師は子どもの話を繰り返さず、すぐに「よかったところは？」と尋ねることが重要です。

＊「最初に考えを言う」「例を出す」「一文を短くする」など、子ども達から出された「よさ」は掲示物などにして共有するとさらによいです。

友達の言ったことに賛成？　反対？

【活動内容】

友達が言ったことに賛成か反対か挙手をする。

【手順】

1　一人の子どもに意見を発表させる。

2　「今○○さんの言ったことにあなたは賛成？　反対？　決まった人はピシッと座りましょう。」と全体に伝える。

3　「賛成の人？」「反対の人？」と聞いて挙手させる。

【ポイント及び解説】

＊これも、はじめのうちは、練習として取り立てて指導するとよいでしょう。例えば、ある子に「○○さんは、犬と猫どちらが好きですか。」「海と山どちらが好きですか。」などと尋ね答えてもらいます。その後、すかさず全体に「今、○○さんの言ったことにあなたは賛成ですか。反対ですか。決まった人はピシッと座りましょう。」と指示します。こうしたことを幾度か繰り返します。繰り返す中で子どもはスピーディに活動するようになっていきます。挙手しない子がゼロになることを目指して指導していきます。

＊教師は絶対に子どもが言ったことを再生して繰り返さず、すぐに「あなたは賛成？　反対？」と尋ねるのがポイントです。はじめは聞き逃して挙手できない子もいるかもしれませんが、グッとこらえて、再生せずに活動を繰り返していきましょう。必ず全員参加できるようになります。

＊慣れてきたら、賛成や反対の理由を簡単に言わせたり、授業中の話し合いでも取り入れたりします。

話・聞

返事＋今日の一言

［活動内容］

はっきりとした声で返事をした後、一言発言する。

［手順］

1　今日の一言のお題を教師が決める。子どもから案を募ってもよい。

2　朝の会などで呼名し、返事をする場面で返事をしたら、お題に沿った一言を言う。

3　全員呼び終えたら、「誰の返事と一言が一番よかったか」を全体に聞く。

［ポイント及び解説］

＊（ほぼ）全員が、はっきりとした声で返事をすることができるようになったら、取り組みます。はじめは、お題に対して考える時間を少しとってから行うとよいでしょう。とにかくハキハキした声で最後まで言いきらせていきます。

話・聞

つっかえたらダメ！　みんなからのお知らせ

［活動内容］

はっきりした声で素早く、短くお知らせを話す。

［手順］

1　声が小さかったり、「えーと」などを入れたり、話が長かったりしたら「アウト！」と先生に言われ、次の人に発言権を回すことを知る。

2　実際にやってみる。教師は厳しめに判定する。

［ポイント及び解説］

＊厳しめに判定しますが、明るく「アウト！」と言うなど楽しい雰囲気で行います。再チャレンジができることも重要です。子どもは「次こそ！」と粘り強く再挑戦したり、失敗しないように入念に準備したりするようになります。

＊ゆくゆくは、授業中の復習の問いなどのときにもこれを意識して発言できるようにしていきます。

話・聞

共通点や相違点を見つけよう

【活動内容】

ベン図を使用しながら共通点と相違点を班で話し合って見つけていく。

【手順】

1　テーマを設定する。
2　班でベン図を使いながら共通点や相違点を出し合っていく。
3　全体で共有する。

【ポイント及び解説】

＊ベン図の活用や共通点と相違点を見つけるのに慣れる活動です。最初は難しいかもしれませんが、教師が例を見せたり、テーマを工夫したりすると3年生でもできるようになります。

＊「海遊びと川遊びの同じところと違うところは?」「野球とサッカーの同じところと違うところは?」などのテーマは大盛り上がりします。

話・聞

話し合いのよいところを見つけよう

【活動内容】

うまい話し合いをしている班の話し合いをクラス全員で観察し、そのよさを見つけ、共有する。

【手順】

1　教師が前で話し合いをする班を指定する。
2　教室の前で話し合いをさせ、他の子達はそれを観察する。
3　よかったところを言わせていき、共有する。
子ども達から出されなかったら教師が指導する。

【ポイント及び解説】

＊必ず、教師がねらいと意図を持って一つの班を指定することです。「今日は、相手の話につなげて話せている班を指定しよう」とか「相手の意見に質問することができている班にしよう」などといった具合です。

話・聞

ペアトーク：聞いて聞いて話をふくらまそう

［活動内容］

ペアで話をする。このとき、一方が聞き役に回り、質問をつなげて2分間話を聞く。

［手順］

1　教師がテーマを設定する。あるいは子どもに出させてもよい。

2　ペアの一方の子がテーマに沿った質問をもう一方の子にする。話をつなげていく。

3　2分間経ったら、質問役を交代する。

［ポイント及び解説］

＊ペアトークや対話の基本は、「話が続くこと」です。そのためのトレーニングがこの活動です。とにかく相手の話をよく聞き、それにつなげてさらに質問をしていき、相手の話を引き出すことを意識させます。

話・聞

ペアトーク：たくさんアイデアを出そう

［活動内容］

二人で協力してたくさん案を出す。2分間話し合う。

［手順］

1　教師がテーマを設定する。あるいは子どもから出させてもよい。（「お楽しみ会でやること」等）

2　テーマに沿った案を二人でどんどん出していく。質は気にせず、量を出す。

3　全体で、案の数や内容を共有する。

［ポイント及び解説］

＊二人で話すことのよさは、人間が二人集まることによって、様々な角度から物事を見ることができることです。そのよさを感じられる活動です。相手の出す案を否定せず、「いいね！」と言わせることがポイントです。

話・聞

ペアトーク：二人でどちらかに決めよう

【活動内容】

二択の問いに対して、二人で考えを出し合った後、二人の意見をどちらかに決める。

【手順】

1 教師がテーマを設定する。あるいは子どもから出させてもよい。（「遊びに行くなら海か山か」等）

2 二人で考えを出し合い、ペアの意見をどちらかに決める。

3 納得度を5段階で決める。

【ポイント及び解説】

＊二人で話をして、どちらかの意見に決めます。その後、自分がどれくらい納得しているかを5段階で表現させ、「お互いの納得度が高いペアが話し合いがうまいペア」だと伝えていきます。

書

見つめて見つめて書きまくれ！

【活動内容】

教室の中にある物をお題に、考えたことなどをノートに書きまくる。

【手順】

1 教師がお題を決める。（教室の中にあるセロハンテープ台など何でもよい）

2 5分間ノートに考えたことや気づいたことを書き続ける。

3 5分後、書けた量や内容を共有する。

【ポイント及び解説】

＊書く量を伸ばすための活動です。お題の物は何でも大丈夫ですので、毎日無理なく続けることができます。続けるほど、子ども達の書く量も、質も高まっていきます。

書

日記紹介

【活動内容】

友達の日記の音読を聞き、感想やよかったところを言い合い、自分が書くときの参考にする。

【手順】

1 日記を返却する。

2 「読んで！」と書いてあった子に音読してもらう。（コピーを取って配付するとより効果的）

3 一人読み終えたら、「よかったところが見つかった人？」と尋ね、挙手させる。

4 数名に「よかったところ」を言わせる。教師が選択した理由が子ども達から出されなければ、補足説明する。

【ポイント及び解説】

＊子ども達はこの時間を楽しみにしています。隙間時間などを活用して、どうにかこの時間をつくりだすことが最重要ポイントです。

書

一言で表す！

【活動内容】

授業や行事の後に、一言で自分の思いを表し、その理由もノートに書く。

【手順】

1 授業や行事の後に「今の自分の思いを一言で表すと？」と尋ね、理由とともにノートに書かせる。

2 クラス全体や班で交流していく。

【ポイント及び解説】

＊「見つめて見つめて書きまくれ！」の反対で、一言で今の思いをまとめて書く活動です。中学年で重要な、要約力を高める活動です。はじめは「楽しい」「苦しい」「面白い」などありきたりの言葉が出てきますが、繰り返していくと、辞書を引いたりして、思わず理由を聞きたくなるような言葉でまとめる子が出てきます。

書

ピッタリ！一四〇字作文

〔活動内容〕

一四〇字ピッタリの作文を書く。

〔手順〕

1　一四〇字書けるマス目の紙を大量に用意する。

2　一四〇字ピッタリでひとまとまりの文章を書く。テーマを与えても、自由テーマで取り組ませてもよい。時間内であれば何枚書いてもよい。

3　何人かに読んでもらう。

〔ポイント及び解説〕

＊子どもは原稿用紙を目の前にすると「書くことがない」と嘆くものです。しかし、一四〇字しかなければ、案外ほとんどの子がスラスラ書けるものです。作文へのハードルを下げる活動です。必ず一四〇字ピッタリで終わらなくてはいけない、とするのがポイントです。子どもは、言葉を精選するようになります。

書

この「技」使おう！一四〇字作文発展編

〔活動内容〕

教師から指定された書き方を使って、一四〇字ピッタリの作文を書く。

〔手順〕

1　一四〇字書けるマス目の紙を大量に用意する。

2　書き方の技を指導する。（ナンバリング、ラベリング、会話文、心内語、オノマトペ、擬人法等）

3　一四〇字ピッタリでひとまとまりの文章を書く。時間内であれば何枚書いてもよい。

4　何人かに読んでもらう。

〔ポイント及び解説〕

＊質を少しずつ高めていくための活動です。教師があらかじめ「技」を指導しておいたり、子どもの作文を読んで共有しておいたりしてから、それを意識的に使わせることで定着を図ります。

音読個別評価［音読テスト］

【活動内容】

教師が一人一人の音読を聞き、評価する。

【手順】

1　音読テストの基準を知る。基準は次の通り。

D：「ハキハキ、正しく、スラスラ」の三原則すべてが不合格。

C：三原則のうち一つが合格。

B：三原則のうち二つが合格。

A：三原則すべてが合格。

A○：三原則すべてが合格で、一つの項目は素晴らしい。

A✿：三原則すべてが合格で、二つの項目は素晴らしい。

S：三原則すべてが素晴らしい。

2　一人一人、教師が「はい、終わり。」と言うまで読む（一文ではなかなか実力は見えないので二、三文読ませる）。順番を決めておいてもよいし、立候補制にしても面白い。（立候補制にする場合は、全員が立候補するという確信があるときに限る。そうでないと、評価されない子が出てしまう。）

3　一人一人の音読に対して即時評価していく。

4　全員一度は必ず評価する。時間が余れば、立候補制で再チャレンジを募る。

【ポイント及び解説】

＊はじめにきちんと評価基準を示すことが重要です。

＊評価はとにかく厳しくすること。具体的にいうと、単元序盤や中盤で評価する際は、クラスのほとんどがDかCとなるくらい、2割ほどがB、1、2人がAという具合です。本当にしっかり声が出ていて、スラスラと流暢に、そして正しく読んでいなければよい評価は与えないことです。これが逆に子どもの心に火をつけます。

読

音読個別指導

［活動内容］

音読が苦手な子に向けて個別指導をする。

［手順］

1　音読が苦手な子を呼ぶ。

2　その子のレベルに応じて課題を出す（一字、単語、一文など）。フラッシュカードを作成しておくとよい。子どもはそれを見て声に出して読む。

3　何回か繰り返したら、ハイタッチをして終了。「今日も頑張ったね！」

［ポイント及び解説］

＊長々とやらないことです。ただでさえ、子どもの自由な時間に取り組んでいるのに、長々とやられたら、子どもは嫌になります。子どもの意欲を喚起することを重視して取り組みましょう。

読

どこまで聞こえるか読み

［活動内容］

子ども達に音読をさせながら、教師は教室を出て遠ざかり、教室に戻った後どこまで聞こえたか伝える。

［手順］

1　読む個所を指定する。

2　教師が教室を出て遠ざかっていく。読み声が聞こえるところまで行く。

3　聞こえなくなったら教室に戻り、どこまで聞こえたかを伝える。

［ポイント及び解説］

＊しっかり声を出させたいときに行う活動です。ある程度一斉音読がそろうようになってきたら行いましょう。決して怒鳴らないことをしっかり伝えたうえで行います。

読

題名・作者読み

【活動内容】

題名を高く、作者を低く読むことを練習する。

【手順】

1　何人か題名と作者を読ませてみる。

2　よかったところを褒めるが、足りなかったところがあることを伝え、題名は高く、作者は低く読むことを伝える。

3　それぞれ練習する。

4　何人か代表で読ませ、その変化を褒める。その後全員で何度か読む。

5　文についても同様で「高↓低」で読むことを伝える。

【ポイント及び解説】

＊教師が実際にやって聞かせること、成長を自覚させることが重要です。

読

つっかえたらダメ読み【完璧読み】

【活動内容】

三原則を守った音読ができている場合は読み続け、つっかえたり間違えたり発音が不明瞭だったりしたら失格となり、次の人が代わりに読む。それをクラス一周回していく。

【手順】

1　いつもの○読みと同じ順番で回していくこと、つっかえたり間違えたりゴニョゴニョしていたりしたら失格となることを伝える。

2　実際に読む。判定は厳しくする。

3　一巡したら、クラス全体でどれくらい読み進めることができたかを黒板等に記録しておく。

【ポイント及び解説】

＊判定を厳しくすることです。甘くしては子ども達の音読熱は盛り上がりません。

音読対決

【活動内容】

ペアをつくり、交互に音読していき、ミスを指摘されることなく一段落読めたら1ポイント。それを最後まで繰り返しどちらがポイントを獲得できたかを競い合う。

【手順】

1　音読三原則を確認し、二人組をつくる。

2　一人ずつ一段落ずつ読んでいく。ただし、途中でつっかえたり、句読点以外で区切ったり、読み間違えたり、ゴニョゴニョと不明瞭になったりしたら、相手はそれを指摘する。指摘されてしまったら、読む人を交替してまた同じ段落を読む。

3　ミスをせず指摘されずに段落の最後まで読めたら1ポイント。読む人を交替して次の段落を読む。

4　最後まで繰り返していき、最終的に獲得ポイントが多い方の勝ち。

【ポイント及び解説】

＊三原則を守った音読の「定着」のための活動です。三原則という「基準」があるからこそできる活動でもあります。基準がなければミスを指摘することもできないからです。自分が三原則を意識して読むときはもちろん、相手の音読を聞き、それが三原則をしっかり守れているかチェックすることでも、三原則が「定着」していきます。

読

1分間高速読み

【活動内容】

1分間でどれだけ自分が読めたか文字数を数える。

【手順】

1　三原則を守った音読をすること、なるべく素早く読むことを伝え、1分間音読させる。
2　1分間で読めた文字数を数える。題名の横に日付とともに文字数を書く。
3　全体でどれくらい読めたか確認していく。

【ポイント及び解説】

＊ある程度読み慣れた文章を用いて行いましょう。そうでないと、つっかえたり、いい加減に読んだりしてしまう子が多くなります。
＊中学年なら三〇〇～四〇〇文字を目標に、それ以上に到達するようにスラスラ読ませていきましょう。

ことば

漢字サバイバル

【活動内容】

出題された漢字を空書きできれば立ち続け、書けなかったら座る。

【手順】

1　教師が3年生で学習する漢字を出題する。
2　子ども達は大きな声で「1、2、……」と教師に向かって空書きする。書けなかったり間違えたりしたら座る。書けたら立ち続ける。
3　最後まで立ち続けた子が優勝。みんなで拍手。

【ポイント及び解説】

＊しっかり声を出して空書きすることが重要です。
＊一度失敗しても、次の問題で座りながら大きな声で空書きしたら復活するシステムにします。
＊ミスをごまかす子が多ければ、二人一組でペアをつくりチェックさせるとよいでしょう。

漢字ドリル音読

【活動内容】

漢字ドリルの新出漢字の部分を一冊丸ごと素早く音読する。

【手順】

1　教師の「はじめ」の声で一斉にスタートする。教師はモニターのストップウォッチを進める。

2　一冊読み終わったら元気よく「はい！」と手を挙げ、モニターのタイムを確認する。

3　記録表にタイムを記入し、「終わり」と言われるまで音読を続ける。

【ポイント及び解説】

＊読む個所は新出漢字の「読み」の部分です。音読みと訓読みの部分を、まだ書いていないページも含めて一冊丸ごと読みます。テストページは飛ばします。

＊必ずタイムを計りましょう。毎回タイムが上がっていくので達成感を得やすくなります。

＊合格タイムを設けましょう。それをクリアした子は、今度は熟語を読み上げることにレベルアップさせます。

ことばネット

【活動内容】

お題の言葉と似た意味や反対の意味の言葉をつなげていき、言葉のネット（網）をつくり語彙を増やす。

【手順】

1　お題の言葉を教師が提示する。「楽しい」「うれしい」「おいしい」「きれい」「多い」など作文で連発されるものがよい。

2　子どもはノートのページの真ん中にお題の言葉を書く。

3　反対の意味の言葉は双方向矢印（⇔）で、似た意味の言葉は線で結びながら言葉の網をどんどん広げていく。

4　5分ほど経ったらクラス全体で共有し、自分が書けなかった言葉はノートに書き足す。

【ポイント及び解説】

＊必ずクラス全体で共有しましょう。一人では出せる言葉に限りがあります。それでも、クラス全体で出し合っていくと、見事なネットができあがります。「みんなで協力したらたくさん言葉を出せた」という、学級づくり上でもよい経験を子どもにさせることができます。

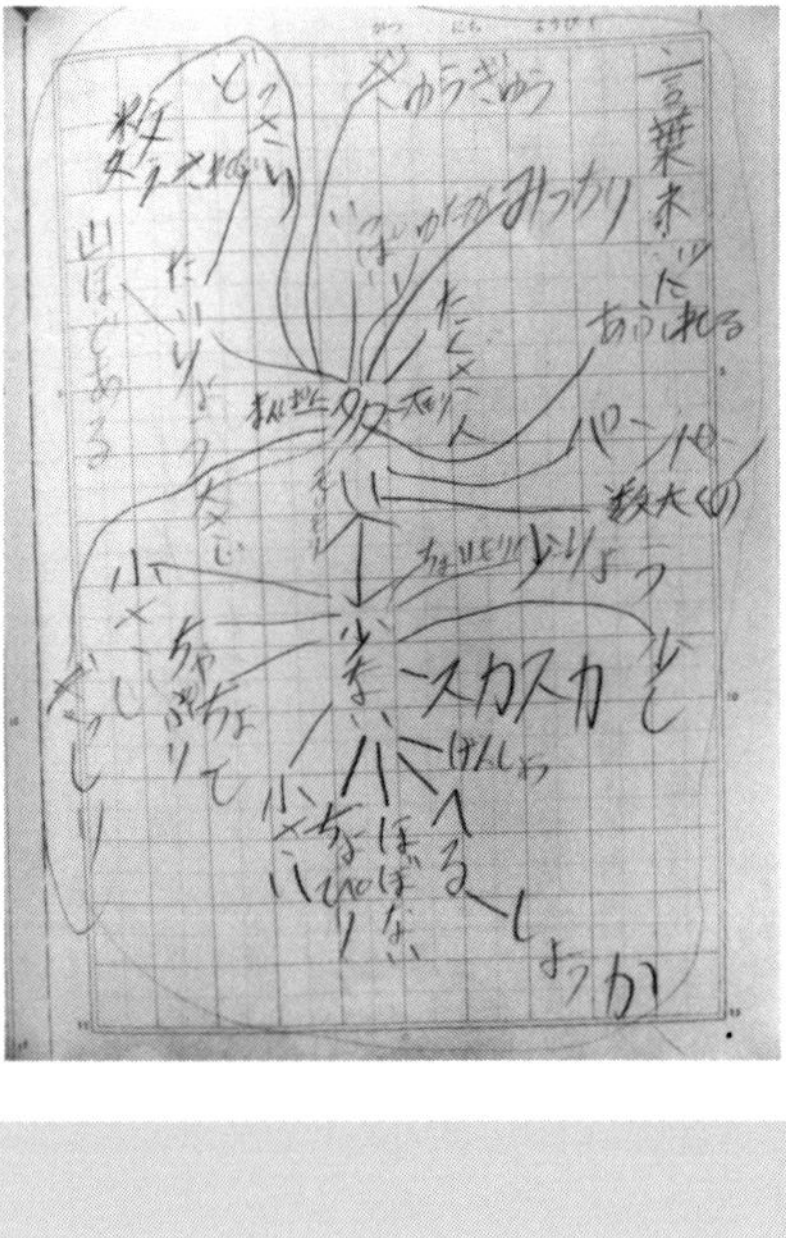

ことば

辞書引き活動

[活動内容]

教師から指定された語を辞書で引いて、教師に見せる。

[手順]

1　教師が、子どもに辞書で引かせたい言葉を、番号を付けて黒板にたくさん書いておく。
2　子どもはそれらを辞書で引いて、該当ページを教師に見せに来る。「〇〇、ここです。」
3　教師からOKをもらったら、黒板に書いてある、今引いた言葉のところにネームプレートを貼る。

[ポイント及び解説]

＊単にいくつも言葉を引かせていくよりも、ネームプレートを使いつつ、教師がしっかり引けているかチェックすることで、子ども達は意欲的に辞書を引くようになります。

ことば

アルファベット早書き

[活動内容]

アルファベットをAからZまで書く。タイムを計る。

[手順]

1　AからZまでワークシートに書く。
2　タイムを計り記録する。
3　慣れてきたら小文字にも取り組む。

[ポイント及び解説]

＊ローマ字をしっかり子ども達に定着させることは、タイピングを上達させるうえで欠かせないことです。ローマ字表記を定着させていく前に、まずはアルファベットに慣れていないと話になりません。そのため、まずはアルファベットをしっかり定着させましょう。忘れてしまって書けない子はアルファベット表を見てよいことを伝えます。

ことば

ローマ字表記に変換せよ！

【活動内容】

教師から出されたお題の言葉をローマ字に変換していき、教師に見せてチェックを受ける。

【手順】

1 教師が、あらゆる語を黒板に番号を付けて書いておく。

2 子どもは1番から順にローマ字に変換してノートに書いていき、教師に見せに来る。

3 教師からOKが出たら、黒板の今ローマ字に変換した言葉にネームプレートを貼る。

【ポイント及び解説】

＊アルファベットに慣れてきたころ、言葉をローマ字表記に変換することに慣れる活動です。「辞書引き活動」と同様のシステムで進めます。分からない場合はアルファベット表を見せます。

ことば

具体化・抽象化ゲーム

【活動内容】

教師から指定された語を指示に従って抽象化・あるいは具体化する。

【手順】

1 教師が、「スポーツ（具体化）」「バナナ（抽象化）」など、言葉と指示を、番号を付けて黒板にたくさん書いておく。

2 子どもはそれらをノートに書く。

（例）「スポーツを具体化すると野球です。」

3 教師からOKをもらったら、黒板に書いてある、今引いた言葉のところにネームプレートを貼る。

【ポイント及び解説】

＊「具体化」「抽象化」という言葉が難しい場合は「詳しく」「まとめると」などで伝えます。「辞書引き活動」と同様のシステムです。

おわりに

本書は『○年生担任のための国語科指導法』シリーズの3年生版です。再三述べてきていますが、3年生は非常にエネルギーのある学年で、担任していて非常に楽しい学年です。その楽しさが読者の皆さまに伝わることを心から願っています。

3年生は、子ども達が変わり始めるころでもあります。それまで大好きだった学校や先生に対して、そうでない思いを持つ子も出てきます。教師が、子ども達の溢れるエネルギーの向けどころをプラスの方にしていくことを常に意識していくべきです。そんな指導法を本書では紹介してきました。

読むことの指導が私の専門ということもあり、読むことの章が最も厚くなりましたが、他の章も質は負けていないと自負しています。話す・聞く、書く、読む、言葉や漢字、どれがどの子にハマり、「国語って楽しい！」となるかは分かりません。ですから、本書では各領域を網羅的に書いています。どれか一つでも、教室の中の子ども達にヒットすれば幸いです。

本書執筆に当たり、3年生を担任したときの実践を振り返ったら、本当に楽しい思い出が蘇りました。「また3年生を担任したいなぁ！」と心のつぶやきをここに記し、ペンを置くこととします。

土居　正博

参考文献

あまんきみこ・長崎伸仁・中洌正堯（2019）『あまんきみこと教科書作品を語らう』東洋館出版社

犬塚美輪（2012）「国語教育における自己調整学習」『自己調整学習』自己調整学習研究会編、pp.137-156　北大路書房

井上尚美（1983）『国語の授業方法論―発問・評価・文章分析の基礎』一光社

井上尚美（2005）『国語教師の力量を高める』明治図書

大村はま（1994）『教育をいきいきと102』ちくま学芸文庫

荻布優子・川崎聡大（2016）「基礎的学習スキルと学力の関連―学力に影響を及ぼす因子の検討：第一報―」『教育情報研究』32巻3号　日本教育情報学会、pp.41-46

吉川芳則（2011a）「事例のあり方を学習内容とする説明的文章の授業開発」『全国大学国語教育学会発表要旨集』120号　全国大学国語教育学会、pp.231-234

吉川芳則（2011b）「説明的文章教材の事例を捉える観点」『全国大学国語教育学会発表要旨集』121号　全国大学国語教育学会、pp.231-234

吉川芳則（2017）『論理的思考力を育てる！　批判的読みの授業づくり』明治図書

輿水実編著（1968）『国語科基本的技能の指導（全六巻）』明治図書

澤本和子（1991）「事例列挙型説明文の学習方法研究」『国語科教育』38巻　全国大学国語教育学会、pp.75-82

杉澤陽太郎（2000）『現代文の朗読術入門』ＮＨＫ出版

高橋俊三（1988）「発音・発声」『国語教育研究大辞典』国語教育研究所編、pp.665-668　明治図書

髙橋麻衣子（2013）「人はなぜ音読をするのか―読み能力の発達における音読の役割―」『教育心理学研究』61巻1号　日本教育心理学会、pp.95-111